FAZ CHOVER

Fernandinho

FAZ CHOVER

Fernandinho

THOMAS NELSON
BRASIL

Rio de Janeiro, 2013

Publisher	*Omar de Souza*
Editor responsável	*Samuel Coto*
Editora de conteúdo	*Cristina Ignácio Fernandes*
Produção	*Adriana Torres* *Thalita Ramalho*
Produção editorial	*Daniel Borges*
Revisão	*Maria Fernanda Barreto* *Mônica Surrage* *Leonardo Vianna*
Capa	*Ana Carolina Aguiar*
Diagramação	*André Guimarães de Souza*

As citações bíblicas foram retiradas da Nova Versão Internacional (NVI), salvo quando especificado.

CIP-BRASIL. CATALOGAÇÃO NA PUBLICAÇÃO
SINDICATO NACIONAL DOS EDITORES DE LIVROS, RJ

F413f Fernandinho

Faz chover / Fernandinho. – 1. ed. – Rio de Janeiro : Thomas Nelson Brasil, 2013.

il.

ISBN 9788578604554

1. Vida cristã. 2. Deus. 3. Fé. I. Título.

13-06968

CDD: 248.4
CDU: 27-584

Thomas Nelson Brasil é uma marca licenciada
à Vida Melhor Editora S.A.

Rua Nova Jerusalém, 345 – Bonsucesso
Rio de Janeiro – RJ – CEP 21402-325
Tel.: (21) 3882-8200 – Fax: (21) 3882-8212 / 3882-8313
www.thomasnelson.com.br

Fernandinho é um dos adoradores mais queridos do Brasil atualmente. Seu compromisso com a glória de Deus está acima de tudo em sua vida. Por meio do álbum *Faz chover* ele inundou o Brasil com um rio de adoração, trazendo um novo som e uma nova esperança para a Igreja brasileira. Este livro segue na mesma linha desse compromisso e nos mostra a vida, os dilemas e as dores de um levita que carrega a arca do Senhor. Que ele seja bênção, tanto para você como para toda a Igreja do Senhor.

Bispo Robson Rodovalho
Sara Nossa Terra

Em tempos de músicas e bandas comerciais, o ministério Faz Chover, na pessoa do Fernandinho, tem sido um testemunho do encargo de ministrar ao coração da Igreja, partindo de alguém que a tem como o centro de sua vida e que foi formado nas bases de um discipulado e de uma linhagem de homens de Deus.

Pastor Naor Pedroza
Igreja Videira
Líder do movimento Radicais Livres

Deus nunca ficou sem testemunho. Em todas as épocas e gerações o Pai eterno manifestou sua glória neste mundo através de seus filhos. Louvado seja Deus que, nestes últimos anos, tem despertado a presente geração através da voz potente, das composições sensíveis e do ministério abrangente do meu querido Fernandinho. Creio que essa preciosa chuva de bênçãos continuará regando sementes que produzirão muitos frutos para o Reino e para a glória de nosso Senhor.

Pastor Daniel Souza
Ministério Frutos do Espírito

Faz chover é um deleite para todo aquele que anseia viver o derramar do céu na terra. Somente as chuvas de Deus, de paz, de esperança, de sentido e propósito trazem as respostas que o coração humano busca. Mais do que águas que regam o solo, precisamos das águas vivas do Espírito Santo, que regam e saciam nosso coração.

Pastor Márcio Valadão
Igreja Batista da Lagoinha

Fernandinho é uma referência para esta nação. Sua trajetória de vida e seus valores permeiam a sua música e, agora, esta obra. Acreditamos que este livro será como chuva que vem no tempo certo para regar inúmeros corações aflitos e sedentos de salvação.

Pastor Gilmar Santos e Aline Barros
Comunidade Evangélica Internacional da Zona Sul

O grande teste de um homem é quando ele alcança reconhecimento e sucesso e mesmo assim continua íntegro, fiel e humilde. Fernandinho, nosso amigo e irmão em Cristo, é um exemplo disso, é um verdadeiro homem de Deus. Nossa oração é para que ele continue sendo essa chama acesa até o último fôlego de vida.

Vitor Belfort e Joana Prado

Dedico esta obra à minha amada e inseparável esposa. Eu não chegaria até aqui sem ela. Então Deus, em sua infinita soberania, preparou-a e também a separou desde o ventre de sua mãe para mim e para toda a chuva que ele tem derramado através de nós. Não sou merecedor de tanto favor. Sim, a graça do Senhor me alcançou.

Paula, mãe de gerações e esposa minha,
osso do meus ossos, eu te amo!

Se eu te adorar por medo do inferno, queima-me no inferno.
Se eu te adorar pelo paraíso, exclua-me do paraíso.
Mas se eu te adorar pelo que tu és, não escondas de mim a tua face.

Rabia, 800 d.C.

AGRADECIMENTOS

As palavras não são capazes de descrever minha gratidão por tudo o que Cristo tem feito por mim. Verdadeiramente ele começou a boa obra e a tem aperfeiçoado a cada dia. Muito obrigado, Senhor!

À minha esposa, Paula, que comigo atravessou vales e subiu montanhas e a quem amo cada dia mais!

Aos nossos filhos, Asafe, meu primogênito; Abner, meu chicletinho; e Mariah, minha pretinha; por participarem de tudo em minha vida. Vocês são herança do Senhor! Amo vocês.

Aos meus pais, por tudo que investiram em mim, por terem me criado nos caminhos do Senhor, pelo amor e pela entrega.

Aos meus sogros, pelo apoio e pela dedicação a minha casa.

Aos meus cunhados e colaboradores neste ministério, Felipe e Flávia.

Aos pastores e às igrejas que intercedem por nós, irmãos e amigos espalhados por todo esse mundo.

Ao Daniel Souza, por todos esses anos de contribuição ministerial.

Ao querido pastor Eber; à minha amada Segunda Igreja Batista de Campos, onde iniciamos o ministério e pela qual fomos enviados às nações.

À editora Thomas Nelson Brasil, pela oportunidade e pela confiança neste projeto; a todos os envolvidos diretamente na produção deste livro.

Como costumo dizer, não fui chamado para uma carreira solo, mas sim para uma caminhada com Deus que envolve também a família, os irmãos, os amigos e todos aqueles que o Senhor põe em meu caminho para, juntos, contribuirmos na expansão do Reino.

SUMÁRIO

PREFÁCIO

A vida do ministro de louvor e adoração Fernandinho se confunde com a da Segunda Igreja Batista de Campos. Caminhamos juntos há 21 anos e vamos nos conhecendo a cada dia um pouco mais. A música e a musicalidade, porém, sempre estiveram presentes na vida do nosso querido pastor.

Tenho bem nítida na lembrança a época em que ele era baterista do Grupo Hagios, quando ministrava nos cultos de meio de semana e de domingo, sempre com devoção e intensidade.

Todos sabíamos que ele vivia aquelas emoções com muita sinceridade, e sua vida revelava, de fato, paixão pela adoração. Estava ali um autêntico adorador: empolgado, empolgante e contagiante. A igreja cantava com extrema alegria quando ele a conduzia em louvor e adoração ao Senhor.

Logo surgiram as primeiras canções. Era uma consequência natural. Fernandinho respirava música. Além disso, estava sempre cuidando de alguém, discipulando os integrantes das equipes de louvor, até que, com ele e sob sua coordenação, criamos o Ministério de Louvor e Adoração Shekinah.

Músicas como "Se não for pra te adorar" e "Somos um" contagiaram nossos corações e sinalizaram a chegada de um adorador diferenciado entre nós.

Toda a igreja via, convivia e experimentava, com deslumbramento espiritual, o surgimento de uma rara figura, de brilho singular, de expressiva paixão por Jesus e de profundo compromisso com o altar da adoração.

Não imaginávamos, porém, que a música "Faz chover" lhe seria dada por revelação pelo nosso querido Espírito Santo. A partir daí tudo mudou, e tanto o Brasil quanto o exterior têm, como nós, conhecido este precioso varão do louvor e da adoração, um servo que o Senhor Deus levantou e ungiu.

Agora, chega ao público esta rica expressão literária que, conectada às mensagens das canções, revela um pouco da história de compromisso do pastor Fernandinho e de sua alma apaixonada por Jesus e a obra dele na terra.

Casado com Paula, nossa querida diaconisa, Fernandinho é o pai de Asafe, Abner e Mariah. Juntos eles formam uma família criada por Deus e a ele consagrada, herança devocional que receberam de seus pais.

Através de suas belas canções, é fácil conhecer a alma de Fernandinho. Nas páginas deste livro temos a oportunidade de perceber um original retrato da história do nosso querido pastor — e história é sempre muito relevante.

Não é todo mundo que revela suas origens. Fernandinho, porém, deixa nestas páginas um pouco da história da vida de alguém que "como a corça, anseia pelas correntes de águas". Como verdadeiro adorador, ele anseia por uma vida de mais íntima comunhão com o Senhor, anseia por uma família feliz, guardada e usada por Deus, anseia por uma Igreja viva e alegre implementando os valores do Reino na sociedade. Sim, ele anseia por uma nação que se renda totalmente aos pés do Senhor das nações, que é Jesus Cristo.

Parabéns a você que vai ler esta obra. Boa leitura!

Eber Silva
Pastor da Segunda Igreja Batista de
Campos dos Goytacazes

CAPÍTULO 1

FERNANDINHO: LEVANDO A CHUVA DE DEUS À ARIDEZ DA VIDA

Já estive em muitos palcos. Toquei e cantei para milhares de pessoas no Brasil e no exterior. A vida de um ministro de louvor não oferece repouso; não existem finais de semana de lazer. A cada dia há um novo desafio a ser superado, novas pessoas para encontrar e novos corações que precisam ser tocados pelo poder de Deus. Essa foi minha escolha de vida, e sirvo ao Senhor com muita alegria. Mesmo quando minha alma está aflita ou meu corpo, cansado.

Confesso que nem sempre é fácil. Principalmente quando a dor me atinge de tal maneira que nem mesmo consigo ficar de pé. Sofro há algum tempo com um problema na coluna vertebral; é uma hérnia de disco que me causa dores terríveis e, por vezes, incapacitantes. Em alguns momentos consigo domesticá-la, mas em outros sinto como se agulhas me espetassem.

Em março de 2013 essa dor literalmente me derrubou. Não conseguia ficar em pé, nem mesmo tomando fortes medicamentos. O problema é que faltavam apenas alguns dias para a gravação do DVD *Teus sonhos*, que aconteceria no dia 16 daquele mês. Esse foi um dos trabalhos em que mais investi dedicação, tempo e recursos financeiros. Nosso ministério alugou a HSBC Arena, uma casa de shows espetacular que fica na Barra da Tijuca, bairro da Zona Oeste do Rio de Janeiro. É uma arena multiuso, única em toda a América Latina, semelhante aos espaços utilizados nos jogos de basquete nos Estados Unidos. Nunca uma apresentação evangélica havia locado o lugar para um evento semelhante, atraindo 20 mil pessoas na ocasião.

Contratamos o que tínhamos de melhor disponível no país em serviços de sonorização e vídeo. Mobilizamos centenas de pessoas. Planejamos cada detalhe. Cuidamos com muito carinho da vinda do pessoal da Cristolândia, de São Paulo, que participaria de uma das faixas do DVD. Eles são um grupo composto por ex-dependentes químicos atendidos por uma missão ligada à Igreja Batista, egressos da região conhecida como "Cracolândia", no centro da capital paulista — um local sombrio onde imperam a venda e o consumo de drogas. Agora eles estariam na gravação, dando um testemunho de vida e de salvação em Jesus.

Eram muitos os sonhos que deveriam se concretizar naquela noite especial. Mas a dor nublou meus olhos. Enfraqueceu meus ossos. Jogou dúvidas sobre o futuro e me levou para o meio de um solitário deserto. Exatamente 15 dias antes do show eu estava de cama, e o prognóstico médico não era animador. Pensei comigo: "Por que Deus está permitindo isto acontecer? Será que estou em pecado? Será que esta não é a vontade de Deus? Devo desmarcar tudo?" Num momento de fragilidade, nosso pensamento se atrapalha e pensamos coisas semelhantes a essas. A conclusão a que cheguei foi que Deus permitiu que eu sofresse uma dor física para que pudesse estar atento à sua voz. Porque foi exatamente isso que me aconteceu.

Nos dias em que sofria com as dores e com a imobilidade, coloquei no meu celular uma mensagem especial. Ela aparecia todas as vezes que eu ligava o aparelho, telefonava para alguém ou recebia uma ligação: "Sem mim nada podeis fazer" — texto curto e direto, escrito em João 15:5 (ARA). Aquelas palavras iam se solidificando em minha mente. Num tempo de dor e de incerteza quanto ao futuro e numa época em que minha alma estava aflita, eu lia o recado de Deus que apontava para minha total dependência do Senhor.

No momento em que eu encarava o maior desafio profissional em 12 anos de carreira, um deserto surgiu diante de mim. Ele não foi o único que enfrentei, claro. Isso vai ficar bem evidente durante a leitura deste livro. Nesse deserto em especial, eu estava aflito por muitas razões. Aquele espaço alugado era grandioso demais. Muita gente me dizia que seria uma aventura malsucedida, que ninguém conseguiria levar um público tão grande àquele local e mais 1 milhão de outros motivos para me desencorajar. Havíamos feito um investimento financeiro altíssimo e assumido inúmeros compromissos. E justo naquele momento tão especial, minha saúde me traía.

No meio do deserto tomei uma decisão de fé. No meu coração eu estava resoluto: iria gravar, nem que fosse numa cadeira de rodas. Mesmo que isso prejudicasse a minha performance. Fui me tratando, fazendo fisioterapia, tomando remédios, buscando e orando muito. Minha igreja e algumas pessoas ligadas ao nosso ministério também clamavam por minha vida.

Logo centenas de pessoas estavam intercedendo. Pastores de diversas partes do país. Igrejas que eu nem mesmo conhecia. Fui amparado pelo amor e pelo cuidado do corpo de Cristo.

Enfim, a noite tão esperada chegou. No caminho que me levava até o palco uma multidão aplaudia, animada com o que estava por vir. Mesmo concentrado, não deixei de perceber a numerosa geração de jovens, homens e mulheres submissos à vontade daquele que sempre tem o melhor para nós. A música era quase palpável, tamanha a densidade que saía dos amplificadores. O som — alto, claro e potente — reverberava no espaço e fazia o chão tremer. As luzes pareciam brincar e dançar sobre os músicos e os instrumentos. De todos os cantos, canhões de luzes coloridas eram disparados sobre o público e sobre nós, no palco. Tudo isso, no entanto, não passava de detalhes menores. O que vi naquele momento foi a Igreja adorando ao Senhor. Havia ali algo especial e sublime, uma presença maravilhosa. A energia era diferente da de um show. Foi um dia especialmente feito por Deus para que o nome dele fosse exaltado acima de tudo e de todos. Uma multidão de louvores. A mesma glória derramada entre sacerdotes e levitas na Bíblia se derramava sobre nós. Foi um momento esplêndido, em que milhares de vozes clamavam "Os teus sonhos são maiores do que os meus".

Talvez, se eu estivesse me sentindo totalmente bem, sem desconforto físico algum, sem dor alguma, pudesse ser tentado a acreditar que todo aquele momento era a coroação do meu talento artístico. É possível que entendesse que minhas mãos haviam construído tudo aquilo que experimentávamos, que eu era mais do que realmente sou. Seria a minha carne falando, cantando e dançando. Mas Deus permitiu, dias antes, um freio, uma forma de comunicar, através de mim, sua mensagem de restauração. Era como se eu estivesse trafegando numa velocidade altíssima, de duzentos, trezentos quilômetros por hora. Deus queria falar comigo, mas eu estava rápido demais. Então ele permitiu que algo acontecesse, alguma coisa que me fizesse literalmente interromper meus passos frenéticos. Isso aconteceu comigo e, acredito, pode ter acontecido com você em algum momento da vida.

O deserto é para todos

Nem mesmo o som alto e as luzes são capazes de cegar meus olhos ou tapar meus ouvidos. Sei que, por trás de todo aquele ambiente de êxtase espiritual, há muitas pessoas aflitas. Pessoas que vivem em desertos e que não sabem qual caminho seguir. Estão perdidas e desesperadas por uma luz, por uma porção de água num dia de sol escaldante, e trazem os pés castigados de tanto andar sobre um solo hostil e quente. Procuram por salvação.

Há muitas formas de passar por um deserto. Apesar de ser um local estéril, Deus tem algo especial para cada um de nós ali. Ele pode transformar a aridez num manancial. O deserto não é o fim da estrada nem o ponto de chegada. Ele faz parte do caminho. Não é o lugar que Deus preparou para vivermos, mas um local de passagem. Pode ser considerado um período de preparação, em que Deus nos aperfeiçoa e nos habilita para o glorioso momento da chuva do Senhor.

Foi assim com Moisés, no início de sua jornada. Ele tinha cerca de quarenta anos quando flagrou um egípcio espancando um hebreu e, enfurecido, matou o agressor. Com medo de ser castigado pelo crime, fugiu para o deserto. Deixou para trás o conforto e a abundância dos palácios do Faraó para se refugiar entre pastores de ovelhas. Lá ele foi treinado. Lá encontrou Deus numa sarça ardente. Da mesma forma, Jesus, logo após ser batizado, foi conduzido ao deserto — e a Bíblia diz que foi o próprio Espírito Santo que o levou até lá.

Esses dois exemplos refletem bem o que entendo ser o deserto. Nossa vida é, vez por outra, conduzida a lugares inóspitos, onde teremos sede e fome, onde aprenderemos a beber da água da vida e a comer do pão celestial, que nada mais são do que o próprio Jesus. Deus nos leva ao deserto a fim de nos mostrar que há um alimento que produz vida, e vida plena. Há outra fonte de energia, diferente da energia terrena com a qual nos acostumamos.

Ao longo de toda a nossa caminhada experimentaremos algum tipo de conflito. Passaremos por desertos, por terras secas. Essa é a primeira lição que devemos entender. Não estamos imunes ao deserto. Não podemos nem sequer afirmar: "Passei uma vez, agora não passo mais." Jesus esteve no deserto uma vez e lá teve um confronto com Satanás. Algum tempo depois, lá estava ele no jardim do Getsêmani, que, apesar do nome "jardim", era de uma secura terrível, e ali Cristo enfrentou suas limitações físicas. Foi nessa ocasião que ele orou: "Meu Pai, se for possível, afasta de mim este cálice; contudo, não seja como eu quero, mas sim como tu queres" (Mateus 26:39).

Quando olho para a vida de Jesus e para esses dois desertos pelos quais passou, acredito que, no primeiro, ele precisava ser preenchido pelo Espírito Santo de Deus a fim de vencer Satanás. Foi o que ocorreu. Jesus venceu o diabo ao citar as Escrituras. Já no Getsêmani, talvez o desafio fosse vencer a própria natureza humana. Ele precisava dizer não a si mesmo, à sua vontade terrena.

Quando um deserto surge diante de nós, não significa que Deus esteja "pesando a mão". Essa é uma visão equivocada que construímos sobre Deus. Acreditamos que o Senhor está nos mandando um deserto ou uma terra seca, como uma doença, para nos castigar por algo errado que fizemos. A Bíblia diz, em 1João 4:8, que Deus é amor. Sua essência é a bondade, suas misericórdias não têm fim, elas se renovam todos os dias, segundo afirma Jeremias em Lamentações 3:22-23. É comum ver pessoas atribuindo a Deus um caráter tirano. Um Deus que devolve na mesma moeda. Pensam: "Fiz algo errado, e agora Deus vai me castigar. Vai me abandonar numa prisão. Irá me punir numa senzala." Definitivamente, não é isso que Deus faz.

Não é maldição

Precisamos também ter em mente que quando Deus nos leva a andar em terra seca, não se trata de uma maldição divina. É apenas um estágio, uma preparação para algo melhor que em breve vai chegar. Em Tiago 1:2-4 está escrito:

> Meus irmãos, considerem motivo de grande alegria o fato de passarem por diversas provações, pois vocês sabem que a prova da sua fé produz perseverança. E a perseverança deve ter ação completa, a fim de que vocês sejam maduros e íntegros, sem lhes faltar coisa alguma.

Quem passa pelo deserto deve estar acompanhado de alegria. Não se trata de se conformar, de se resignar com a sorte, mas sim de "grande alegria". É isso que ensina o texto sagrado. Quando você estiver passando por um deserto, saiba que está sendo provado. Deus está ao seu lado, e a companhia dele é motivo de alegria. Não é apenas a felicidade de pertencer a Jesus, mas de padecer com ele. Eu sempre penso nisto: no prazer de padecer com o Mestre.

No início do nosso casamento, Paula e eu passamos por desertos financeiros, e até pouco tempo atrás eu perguntava a Deus: "Eu precisava passar por aquilo?" Hoje tenho consciência e glorifico a Deus, porque aprendi na tribulação a ser um bom administrador do dinheiro. Se não tivesse vivido aquela experiência, certamente não saberia gerenciar os recursos que recebo hoje. Deus nos ensina no deserto, e a aflição vira uma sala de aula.

Eu não estou completo. Não estou pronto. É a Bíblia que me diz isso. Em Filipenses 1:9-11, Paulo registrou:

> Esta é a minha oração: que o amor de vocês aumente cada vez mais em conhecimento e em toda a percepção, para discernirem o que é melhor, a fim de serem puros e irrepreensíveis até o dia de Cristo, cheios do fruto da justiça, fruto que vem por meio de Jesus Cristo, para glória e louvor de Deus.

Algumas tensões nos desafiarão durante toda a nossa jornada. Estaremos sempre diante de enfrentamentos. Mas devemos ter em mente, o tempo todo, que nossos desertos são estágios que irão nos transformar em pessoas melhores. Podemos ter certeza que o melhor de Deus está por vir.

Pão e água

Na jornada da minha vida passei por vários desertos: perdas na família, problemas de saúde, dificuldades financeiras, conflitos de relacionamento com meu pai, com meus filhos, com minha esposa e com amigos. Glorifico a Deus pelos desertos, apesar de todo sofrimento. Por mais que tiremos lições valiosas durante esses períodos, ninguém pensa em orar: "Senhor, mande terra seca para mim. Mande desertos amanhã." Eu não sou masoquista. Oro para que eu aprenda sem precisar passar pela dor. Que eu tenha ouvidos apurados e sensibilidade para ouvir a voz de Deus. Porém, se for necessário enfrentar pressões para que o medo seja vencido, este é um caminho que quero fazer junto ao meu Deus.

Vejo que alguns dos ministros do evangelho nos dias atuais mostram apenas o lado bom da moeda. Mostram o banquete espiritual, as alegrias e os benefícios que recebem os que abraçam a cruz de Cristo, o grande prazer que vem embutido na salvação. No entanto, existe outro lado. É o lado da renúncia, do caminho estreito. Há o lado de botar a mão no arado, de abandonar pai e mãe, de ter de deixar os amigos e tudo mais para trás. O lado de perder tantas coisas por amor a Cristo.

Durante anos liderei, ao lado da Paula, o ministério de louvor de nossa igreja. Eu sempre costumava compartilhar com os outros músicos o entendimento de que não devíamos nos preparar para uma festa. Ministrar louvor não é ficar enfeitado com "lacinho" na cabeça sapateando no palco. É uma guerra. É saquear o inferno e povoar o céu. Nesse combate é preciso ser guerreiro, estar disposto a passar fome na mata, a ser rejeitado e até mesmo a morrer por amor a Cristo.

No deserto é preciso manter viva a convicção do que somos em Deus. Muitas vezes passamos sozinhos pela seca severa. Não há ninguém ao nosso lado, nem mesmo a própria família. Foi assim, na Bíblia, com homens como Ló e Jó. O primeiro alertou, em vão, sobre o fim que se aproximava — a chuva de fogo que arderia sobre Sodoma e Gomorra. Até mesmo sua esposa pereceu ao fixar os olhos no passado e não nas promessas de Deus. Da mesma forma, Jó, no meio de seu deserto, ouviu de sua esposa e companheira: "Amaldiçoa teu Deus e morre." Duras palavras para quem, durante toda a vida, só teve ouvidos para a voz do Senhor.

O homem é preparado enquanto pisa a terra seca. Não é um momento agradável. Ninguém, em sã consciência, escolheria passar pela escassez. Da mesma forma que ninguém acorda com uma grande disposição para estudar, se exercitar, comer salada ou mesmo viver em santidade. Nossa natureza é carnal, humana e terrena. Imagine um urubu. Diante dele há dois pratos. O primeiro é uma comida requintada, bonita, cheirosa. Do outro lado está a carniça — podre. O urubu vai em direção à carniça. Agimos da mesma forma. Nosso instinto carnal nos leva em direção às coisas ruins e estragadas. É por isso que precisamos estar sempre cheios da Palavra de Deus.

Você pode até achar que Deus não ouve sua oração ou que sua dor é maior que a de todo mundo. Pode acreditar que só você está sofrendo. A verdade é que todo mundo tem seu deserto. Não importa se é rico ou pobre, alto ou baixo, gordo ou magro, branco ou negro. A única forma de ser aprovado no deserto é comer do pão celestial e beber da água da vida. O salmista nos alerta:

> Como é feliz aquele que não segue o conselho dos ímpios,
> não imita a conduta dos pecadores,
> nem se assenta na roda dos zombadores!
> Ao contrário, sua satisfação está na lei do Senhor,
> e nessa lei medita dia e noite.
>
> *Salmos 1:1-2*

Devemos não só nos alimentar de Jesus, mas também aprender e receber dele. Deus permite que passemos por essas fases para nos conduzir a outro estágio. Quando nos alimentamos de Deus e meditamos em sua Palavra, nos tornamos aptos a nunca olhar apenas para a circunstância. Adquirimos a capacidade de fixar os olhos em Deus e saber que ele pode reverter qualquer situação, mesmo que os prognósticos sejam os mais terríveis. Alimente-se da Palavra do Senhor, que diz que para Deus nada é impossível.

A visita de Satanás no deserto

Antes de subir em um palco ou tomar um lugar no púlpito de uma igreja, antes de ministrar canções ou pregar a Palavra de Deus, eu enfrento meu deserto particular. Sou confrontado pelos conflitos da minha própria alma. Todo ministro de louvor sabe bem do que estou falando. Enquanto cantamos e louvamos ao Senhor, muitos erguem as mãos em adoração. Outros, porém, lançam em nossa direção toda a admiração e os *flashes* de câmeras, *tablets* e *smartphones*. Já ouvi muitos gritos como "Você é demais!", "Eu vim aqui só para te ver". E tudo isso, numa fração de segundo, transforma-se numa feroz batalha dentro de mim. Escuto uma voz sorrateira me dizendo: "Fernandinho, você é mesmo um cara fora de série. Você tem o público nas mãos." Essa voz é bem conhecida: ela vem do inferno e é sussurrada pelo nosso inimigo. Consigo me afastar dela quando oro: "Deus, a glória, a honra e o louvor são seus. Eu sou apenas o seu servo. Que eu diminua e o Senhor cresça."

Enquanto atravessamos o solo arenoso, enfrentando o ar seco e o sol implacável, precisamos nos manter vigilantes. É no deserto que Satanás se apresenta. A visita do inimigo é constante nos momentos de terra seca. A Bíblia nos fala que foi no deserto que Satanás tentou Jesus. Ele esperou o momento em que Cristo estava faminto para apresentar seus atalhos. Essa é uma estratégia do diabo. Ele está ao redor, bramando como um leão faminto. Ele quer roubar e destruir, pois este é seu ofício. E ele sabe que no deserto estamos mais vulneráveis aos seus ataques, por estarmos quase desfalecidos. Nosso maior perigo é perder o foco. Não estarmos com os olhos em Jesus. Quando Cristo foi guiado pelo Espírito de Deus ao deserto, seu propósito não era saciar a fome. Ele se preparava para a cruz. Jesus sabia bem qual era o caminho a seguir e estava determinado em fazer a vontade de seu Pai.

O que geralmente acontece quando estamos no deserto é que perdemos a direção. Nossa tendência é entrar pela primeira porta que se abre, abraçar a primeira solução que nos oferecem, sem nem mesmo consultar se é a vontade do Senhor. Satanás sabe disso e nos abre portas que na verdade são armadilhas. Depois nos restam apenas desculpas, tais como: "Eu estava na pior. O que você esperava que eu fizesse?", "Parecia ser uma boa oportunidade diante do que eu estava vivendo". Tudo engano. O salmista afirma: "Levanto os meus olhos para os montes e pergunto: de onde me vem o socorro? O meu socorro vem do Senhor, que fez os céus e a terra" (Salmo 121:1-2). O Senhor é nosso verdadeiro socorro. Ele é a porta.

A saída de Deus é a chuva refrescante e graciosa. Creio que é tal como está escrito no livro de Joel (2:23, ARA): "Ele vos dará em justa medida." Não é uma tempestade nem mesmo uma garoa, como quem visita a cidade de São Paulo está acostumado a ver. É uma chuva na medida certa, e que gera fruto. O que passa disso é o que traz juízo, como aconteceu no episódio do dilúvio. É a chuva "em justa medida" que tanto abordo nas minhas canções. Um derramar certeiro que nos faz gerar frutos em Deus.

A Bíblia diz que todo galho que está em Cristo gera frutos, e todo galho que não dá frutos será cortado e lançado no fogo. É o caminho natural. Num momento você é uma pessoa solteira. Daí começa a namorar, planeja se casar e, enfim, ter uma família. Quer um filho, adotivo ou biológico. Este é um dom natural do ser humano: frutificar. A chuva de Deus é derramada com esse propósito. No deserto, ela desce e gera frutos do espírito. Sacia sua sede com a presença de Deus. É possível beber e comer nos banquetes do mundo. Nos jantares oferecidos pelo diabo, você pode até se distrair por alguns momentos, mas não saciará sua fome por Deus. Apenas a água e a comida que Cristo oferece é que trazem plenitude. A chuva de Deus não apenas aplaca a sede, mas também gera frutos. Ela é um sinal de bênção.

Foi esse derramar divino que senti naquela noite especial quando gravamos o *Teus sonhos*. Eu estava num deserto. Sentia dores. Quase não pude concluir um projeto tão sonhado e amado. Mas quando o Senhor derramou sua chuva, vi que não se tratava de mim. Eu era apenas um instrumento em suas mãos. Não era o som, nem as luzes, nem o local. O que importava ali era a glória de Deus. Passar pelo deserto, dias antes, me fez perceber tudo isso com ainda mais clareza.

Faz chover

Em 2013, a canção "Faz chover", uma de nossas composições mais conhecidas, completou dez anos. Ela é especial por várias razões e empresta seu nome ao nosso ministério. Nesta última década, temos desfrutado da bondosa companhia do Senhor. Muitas de nossas canções tornaram-se tão conhecidas que não temos nem ideia de onde estão sendo cantadas ou mesmo dos efeitos que produzem na alma de quem as ouve. Pessoas convertidas, arrependidas e regeneradas são os frutos, os efeitos da chuva de Deus. Isso acontece e assim temos sido um canal para Deus mostrar sua boa obra.

Compus esse louvor numa tarde comum. Eu e Paula atravessávamos nosso deserto particular. Eram muitas dúvidas e toda a dificuldade financeira, mas isso não era o pior. O que nos atormentava era a indefinição sobre o rumo que daríamos a nossa vida. Tínhamos o desejo ardente de servir a Deus. Éramos dedicados nas vigílias e nos cultos. E foi na vida comunitária da Igreja que Deus nos abençoou. As canções foram surgindo naturalmente. Eram frutos do nosso anseio pelo derramar da presença de Deus. Ansiávamos por desfrutar da comunhão com o Senhor e queríamos que nossa congregação sentisse o mesmo, que tivesse uma profunda intimidade com Deus.

Quando clamávamos por chuva, não era o "socorro" divino para as doenças ou as dificuldades financeiras que esperávamos. Essas preocupações são legítimas, eu sei. Mas nosso desejo era somente desfrutar de uma vida como a que Adão teve com Deus enquanto viveu no Éden. Uma vida de comunhão.

Em Oseias 10:12, a Bíblia registra: "Semeiem a retidão para si, colham o fruto da lealdade, e façam sulcos no seu solo não arado; pois é hora de buscar o Senhor, até que ele venha e faça chover justiça sobre vocês." Essa era a nossa oração. Cantávamos com essa intenção, como o autor do salmo 42: "Assim como a corsa anseia por águas. Como terra seca precisa da chuva. Meu coração tem sede de ti, rei meu e Deus meu. Faz chover..."

A chuva traz o avivamento. E avivamento não é uma comoção generalizada, não são pessoas rolando pelo chão ou gritando. Avivamento é a consequência de vidas transformadas, de pessoas que se submeteram ao governo de Deus, que desejam viver na direção planejada pelo Senhor. Esse deve ser nosso clamor: o Reino de Deus sobre nós. E este reino é o Espírito do Senhor nos conduzindo à sua vontade. Daí então acontecerá o avivamento que sonhamos.

Eu lembro que quando escrevi "Faz chover" fui direto para a igreja. Eu queria dividir com os irmãos aquela canção, mas não fazia ideia da dimensão que tudo ia tomar. Só sabia que algo novo estava nascendo, que alguma coisa aconteceria na minha vida e na de Paula. E realmente aconteceu. A canção foi gravada em 2003, e um ano depois o pastor Massao Suguihara pediu que fosse incluída no primeiro CD *Adoração & Adoradores*. A música foi regravada ainda por Ana Paula Valadão e David Quinlan.

Eu entendo que a chuva de Deus está ligada à colheita, como diz o texto de Oseias. Por um tempo estamos vivendo num deserto, numa terra seca. Falta-nos tudo. Sobram-nos medos e dúvidas. Nesse momento o Senhor entra com sua graciosa chuva, que é a presença de Jesus em nossas vidas. A terra seca ganha vigor. O chão rachado e castigado pela secura agora começa a florescer. A vida recomeça. Os frutos aparecem, e eles são a bênção de Deus. Só quem experimentou a ausência da água e andou pelo solo escaldante do deserto sabe o valor que tem a chuva.

CAPÍTULO 2

Identidade forjada no deserto

Sou o primeiro filho de uma família de quatro irmãos. Nordestino de Aracaju, nasci em 24 de março de 1973 e recebi o mesmo nome do meu pai. Fernando Jerônimo dos Santos Júnior, logo virei "Fernandinho", irmão mais velho de Flávia, Fábio e Fabíola. Vivi a maior parte da infância em Lourival Batista, um conjunto habitacional localizado na zona oeste da capital sergipana, construído para abrigar funcionários públicos e empregados da Petrobras. Meu pai, um alagoano de raízes humildes, e minha mãe, dona Iraci, uma carioca igualmente pobre, conseguiram criar os filhos com algum conforto e estabilidade depois que ele começou a trabalhar na companhia de petróleo, o que colocou fim às privações financeiras de antes.

Nossa casa era uma das mais bonitas da rua — grande, arejada e confortável. Viver lá era motivo de felicidade, tanto pela boa qualidade de vida que a cidade oferecia quanto pelo sossego de poder brincar pelas ruas com segurança, pedalar minha velha e saudosa Monark e bater papo com os vizinhos despreocupadamente. São recortes na memória, pequenos relances de uma infância feliz. Quando me casei com a Paula, quase 15 anos depois de ter me mudado de lá, decidimos passar a lua de mel em Aracaju. Uma saudade estranha e forte batia no meu peito, enquanto nós dois, tão jovens, passeávamos pelas ruas de mãos dadas, admirando aquela cidade encantadora. Eu sonhava em voltar a viver ali, e dizia para Paula: "Vamos montar um negócio e morar aqui." Talvez o motivo para tanto saudosismo esteja no fato de que a infância é o período da vida em que tudo o que vemos e sentimos parece revestido de inocência e alegria. Para mim, tudo em Aracaju era lindo.

Passei naquela cidade os primeiros anos da minha infância e carrego na memória cenas da praia de Atalaia, uma das mais famosas de Aracaju e ponto turístico muito visitado. São cerca de seis quilômetros de pura beleza. A água é transparente, morna e o mar, calmo. Além disso, pela orla, é possível encontrar de tudo: restaurantes, comércio e turistas. Eu e meus irmãos, levados pela minha mãe, costumávamos tomar banho de mar naquela praia.

Quando eu estava com cerca de sete anos, minha família se mudou para a cidade de São Mateus, no Espírito Santo, e foi então que tive o primeiro contato com o preconceito. Jerônimo, meu segundo nome, é muito comum no Nordeste. Significa "nome sagrado" e tem tudo a ver com as características da fé tão pujante dos nordestinos. Enquanto eu morava naquela região, não havia nenhum problema. Bastou eu escorregar no mapa, descer um pouco até o Sudeste, e tudo mudou.

Na região Sudeste, Jerônimo era quase um palavrão. Para piorar, estávamos no início dos anos 1980, época em que a televisão exibia uma novela de mesmo nome. Na abertura, enquanto um ator cavalgava velozmente por trilhas poeirentas, a música tema anunciava: "Jerônimo, filho de Maria Homem/ Jerônimo aparece e bandido some/ Jerônimo, justiceiro do sertão." As crianças não perdoavam e faziam as mais bizarras associações e brincadeiras de gosto duvidoso — aquilo que hoje é chamado de *bullying*. Eu não achava a menor graça das gozações. Era horrível ver meu nome ser usado como motivo de piada da turma. Porém, não me intimidei. Percebi que teria de resistir e precisei encontrar forças sozinho para conseguir sair daquela situação incômoda. Nunca reclamei com meus pais nem voltei para minha casa chorando, por maior que fosse a vontade de fazer isso.

Entendo que Deus, desde então, já me forjava. Ele me ensinou a superar uma situação de chacota sem perder o amor por minhas origens. Foi um tratamento de choque, uma espécie de deserto, mas fez parte do aprendizado na minha caminhada. Foram muitas as lições que Deus me deu ao longo da vida. Percorri estágios, como se fossem degraus de uma escada, para que eu pudesse me tornar uma pessoa melhor e mais consciente das minhas raízes regionais. Sou nordestino e tenho muito orgulho de ter nascido onde nasci. O que antes me fazia sentir vergonha, por conta das piadas infantis, hoje é razão de honra. Carrego comigo o nome do meu pai. Essa marca garante que ele, que está velho atualmente, estará sempre comigo. É um grande privilégio poder ter o nome de meu pai e homenageá-lo dessa maneira.

Nascido para servir

Houve outros fatos marcantes ocorridos no Espírito Santo, e o principal deles foi a transformação espiritual experimentada pela minha família. Meus pais eram adeptos do espiritismo e do candomblé enquanto moravam em Sergipe. Com a mudança para o estado capixaba, meu pai teve um encontro com Jesus. Ele se converteu na Primeira Igreja Batista de São Mateus, que fica bem ao lado da rodoviária da cidade. Pouco antes disso, porém, um colega com quem eu jogava bola na rua me fez um convite para ir à igreja dele. Depois de muita insistência, aceitei e fui. Eu tinha quase dez anos.

Era um sábado de manhã e participei de um culto na Igreja Adventista no dia em eles realizavam a cerimônia do lava-pés. As pessoas se revezavam e lavavam os pés umas das outras, num gesto semelhante ao de Jesus, que, pouco antes da crucificação, tomou uma toalha, um balde e lavou os pés de seus discípulos. Aquela cena não fazia o menor sentido para mim. Tudo me parecia estranho e, ao mesmo tempo, chocante — tanto que ficou marcado em minha mente. Até hoje sou capaz de lembrar com muita nitidez de um rapaz que tirou o paletó, colocou-o sobre uma cadeira, abaixou-se e gentilmente pôs-se a esfregar os pés de outros membros da comunidade.

Quando penso no que vi ali, percebo que desde cedo Deus já sinalizava seu intento para a minha vida. Ele desejava que eu servisse a Igreja como fez seu Filho Jesus, que limpou a sujeira dos pés dos discípulos. Deus queria me transformar em um servo, não em uma celebridade ou em uma estrela da música gospel. Pouco tempo depois daquele dia memorável, meu pai nos levou a uma Igreja Batista. Após o final da pregação, o pastor perguntou quem aceitaria Jesus naquele dia. Eu, meio na brincadeira, ergui minhas mãos e fui até a frente. Quando olhei para o lado, minha mãe estava lá, entregando-se à Cristo também. E assim, toda a minha família, inclusive minha avó e meu tio, que moravam conosco, se converteu ao evangelho de Jesus.

Nos passos do pai

Não ficamos muito tempo no Espírito Santo. Logo meu pai, por conta do trabalho, teve de se mudar com a família para Campos, no Rio de Janeiro, onde vivo até hoje. Meu pai sempre foi um homem muito sério e zeloso. Desde sua conversão ele entendeu que precisava repartir a mensagem de salvação, e passou a evangelizar e a dar um testemunho muito sólido de sua fé. Um dos episódios que marcaram minha infância foi uma ocasião em que ele precisou comprar móveis novos para a casa. Fui com ele até a loja, e, no momento em que ele abria o crédito para financiar a compra, o gerente perguntou se meu pai era o mesmo homem que ele via indo para a igreja com a família todos os domingos. Diante da confirmação, ele virou-se para a moça que fazia o cadastro e disse: "Não se preocupe. Ele é crente. Pode confiar."

Havia duas coisas que meu pai não admitia — e nisso ele era intransigente. Nenhum dos filhos podia desrespeitar a dona Iraci. Para ele, era falta gravíssima falar alto com nossa mãe ou mesmo nos queixar dela. Isso porque ele perdeu a mãe quando tinha apenas cinco anos e sofreu a dor de não desfrutar do colo materno quando mais precisava. O abraço e o afeto de mãe lhe fizeram muita falta. Outra coisa que meu pai não tolerava era reclamação sobre a comida colocada à mesa. A infância dele foi muito sofrida. Na verdade, ele mal conseguia definir bem quando terminou a infância e começou a adolescência. Não tinha condições de escolher o que comer. Por isso, qualquer reclamação sobre comida era uma afronta das mais sérias.

Eu fui um pré-adolescente comum. Nunca me envolvi com drogas nem com coisas erradas, mas tinha dificuldades na escola e era um pouco rebelde em casa. Às vezes, eu não segurava muito minha língua. E a soma das reclamações com as notas baixas levou meu pai a tomar uma atitude enérgica. Um dia ele chegou em casa com um violão e um monte de métodos musicais, destes que se vendem nas bancas de jornal. Falou que não aceitaria ver o filho se tornar um bandido e ir parar numa cadeia. Então, a música seria minha tábua de salvação, e ai de mim se não aprendesse a tocar. De nada adiantaram meus protestos ou minhas justificativas, afinal, eu não gostava de música. Para ele, estava tudo muito claro. Eu teria de aprender algo útil e o violão seria esse caminho. "Se você não tocar eu vou te 'comer' no cinto." O cinto de couro ficava atrás da porta e tinha uma fivela de dar medo. Ele dizia: "Você não trabalha, só estuda. Tem que aprender. Na vida você vai precisar fazer coisas que não gosta, então trate de aprender logo." De certa forma, não é exagero dizer que minha história com a música começou no que para mim, na época, parecia um deserto...

Meu pai trabalhava embarcado e passava metade do mês em alto-mar. Quando voltava para casa, reunia todos os filhos na sala, à tarde, e tínhamos de recitar cinco versículos bíblicos de cor — e não podiam ser pequenos. Às vezes minha mãe reclamava com ele, no quarto. Ela dizia: "Eles vão crescer revoltados com a Bíblia!" Definitivamente, não foi o que aconteceu. Pelo contrário, naquilo em que ele foi mais enérgico comigo percebo que fui mais bem-sucedido. Às vezes as pessoas me perguntam por que minhas canções têm tantas citações de passagens bíblicas. As músicas são menos composições minhas e mais recortes de versículos que se unem e formam a canção. Talvez essa possa ser uma das repostas.

Um outro costume do meu pai quando estava de folga, além da chamada oral dos versículos bíblicos, era a realização de cultos familiares todos os dias. Ele visitava as casas e me levava junto, para tocar violão. Alguns amigos e vizinhos olhavam aquilo — eu, um pré-adolescente, usando roupa de crente, levando Bíblia de crente e indo tocar nos cultos domésticos — e achavam ridículo. "Que coisa feia!", "O que você está fazendo aí?", era o que eu ouvia. Todo aquele período, porém, foi uma escola na minha formação espiritual. Deus me permitiu passar por situações assim para que hoje eu não me intimide e saiba a razão pela qual subo num palco, visito uma igreja ou anuncio a Palavra de Deus.

Sem medo de ser cristão

Precisamos ter consciência da nossa identidade. De quem nós somos. Uma das ações do diabo, em meio ao deserto, é justamente tentar confundir nossa mente a respeito de quem de fato somos. Vale a pena recordar esta passagem bíblica:

> Jesus, cheio do Espírito Santo, voltou do Jordão e foi levado pelo Espírito ao deserto, onde, durante quarenta dias, foi tentado pelo diabo. Não comeu nada durante esses dias e, ao fim deles, teve fome.
>
> O diabo lhe disse: "Se és o Filho de Deus, manda esta pedra transformar-se em pão."
>
> Jesus respondeu: "Está escrito: 'Nem só de pão viverá o homem.'"
>
> O diabo o levou a um lugar alto e mostrou-lhe num relance todos os reinos do mundo. E lhe disse: "Eu te darei toda a autoridade sobre eles e todo o seu esplendor, porque me foram dados e posso dá-los a quem eu quiser. Então, se me adorares, tudo será teu."
>
> Jesus respondeu: "Está escrito: 'Adore o Senhor, o seu Deus, e só a ele preste culto.'"
>
> O diabo o levou a Jerusalém, colocou-o na parte mais alta do templo e lhe disse: "Se és o Filho de Deus, joga-te daqui para baixo. Pois está escrito: 'Ele dará ordens a seus anjos a seu respeito, para o guardarem; com as mãos eles o segurarão, para que você não tropece em alguma pedra.'"

Jesus respondeu: "Dito está: 'Não ponha à prova o Senhor, o seu Deus.'"

Tendo terminado todas essas tentações, o diabo o deixou até ocasião oportuna.

Lucas 4:1-13

Os sucessivos ataques do inimigo tinham como finalidade confundir Jesus. O diabo dissimulava na intenção de fazer com que Cristo esquecesse quem era, que deixasse para trás seu grande objetivo, que era pagar o preço por nossos pecados. Jesus, porém, recorreu à firme convicção que tinha em relação à própria identidade. Ele era o Filho de Deus, enviado à terra com uma missão específica e nada poderia alterar isso. No fim das contas, a identidade de Cristo foi o grande antídoto contra as setas venenosas de Satanás.

***

Assumir uma postura que nos defina bem nem sempre é algo prazeroso ou fácil. O tempo todo o mundo tenta nos moldar. A sociedade nos diz para sermos mais maleáveis, pede que negociemos um pouco e não sejamos tão intransigentes nos valores que defendemos. Por isso é necessário conhecer bem quem nós somos. Há algum tempo fui convidado para uma reunião numa grande emissora de televisão. Eles queriam saber se eu me incomodaria em dividir o programa com um sacerdote católico, um padre. Eu respondi que sim. Afinal, meu pai não é o papa, nem minha mãe é a Virgem Maria. Naquele momento, senti que minha profissão de fé estava em xeque, e eu não poderia deixar dúvidas sobre os valores em que acredito e os quais defendo. Até pela exposição a que estou sujeito por causa do meu trabalho, é importante que as pessoas saibam com certeza quem eu sou.

Obviamente, não sou inimigo do padre, muito menos milito contra os católicos. Ao contrário, amo e ministro amor a todos eles. Porém, nós somos diferentes e às vezes é importante que essa diferença seja marcada. Acredito que atualmente há uma crise de identidade entre os evangélicos. Não precisamos nos envergonhar de quem somos, da nossa Bíblia de capa preta, da nossa música que fala de Jesus. Pelo contrário, podemos nos orgulhar dessa herança bendita, da fé que foi construída em cultos domésticos, nas vigílias e nos círculos de oração. Tudo isso está em nosso DNA cristão.

Hoje em dia existem Bíblias multicoloridas, em diversos tamanhos e formatos, com capas cheias dos mais diferentes desenhos. Há pessoas que nem mesmo carregam mais a Bíblia, guardam tudo dentro do *tablet* ou do *smartphone*. Não há problema em relação a isso, desde que não seja uma forma de camuflar a identidade do portador. Você pode escolher a Bíblia que quiser, desde que não esteja tentando omitir para o vizinho, para o colega de trabalho ou para os outros passageiros no ônibus que você é um cristão a caminho de sua igreja num domingo ensolarado.

Outro problema é a maneira como lidamos com a nossa aparência. Por exemplo, minha opinião muito particular é de que Deus já fez por nós todos os buracos que temos de ter no corpo. Mas, hoje, não é raro ouvir algumas pessoas perguntarem: "Tem problema fazer tatuagem?", "Tem problema usar *piercing?*", "Tem problema vestir isso ou aquilo?". Creio que há problema para alguns e para outros, não. Conheço pessoas cheias de tatuagens, que usam muitos *piercings*, mas, mesmo assim, esses acessórios desaparecem quando você está diante delas, até porque muitas dessas marcas foram feitas em circunstâncias em que elas consideravam aquilo algo diferente. Hoje, o que está dentro é tão maior que anula a aparência exterior. Já em outras pessoas nas mesmas condições, a única coisa que você vê são os tais adereços.

A maneira como nos apresentamos ou cuidamos do nosso corpo também pode falar a respeito de quem somos. Creio que temos de ser diferentes, afinal nosso corpo é o templo do Espírito Santo e não uma tela que sinaliza o pecado. Não quero dizer que devemos nos vestir mal ou que não precisamos dar valor ao nosso corpo, mas, sim, que o limite deve ser a saúde e o bem-estar, e não fazer do culto ao corpo um fim em si mesmo. Por vezes uma garota, na igreja, pensa que precisa ser mais ousada, valorizar as curvas do corpo para chamar a atenção de um rapaz. Quem age assim não leva em conta que a sensualidade é uma armadilha, um jogo que até pode começar bem, mas que, ao final, será decepcionante.

A ostentação também pode ofuscar nossa identidade em Cristo. Joias demais, relógios caros. Nossa vida pode ser sempre de abundância, porém nunca de extravagância. Quem é rico deve manter a alma simples. É possível ser milionário, mas ser alguém simples de coração e no trato com os demais. Essa é uma característica do cristão. Mas a pessoa extravagante, a pessoa arrogante quer ostentar, e isso é pecado. Talvez você se pergunte o limite sobre o que vestir ou usar. É simples. O limite está em não ofendermos o próximo. Nossa presença não pode constranger o outro, seja pela forma como nos vestimos, seja pelo luxo das grifes que usamos. Devemos ser inclusivos, aproximar as pessoas, e não afastá-las e segmentá-las. Podemos ser elegantes em tudo: no que vestimos, no que sentimos e no que pensamos.

Temos de ser diferentes também no falar. Cristãos não se envolvem em fofocas, mas edificam uns aos outros com uma mensagem de afeto, de salvação e de reconciliação do homem com Deus. Se aquilo que você vai falar não serve para abençoar alguém, não ensina ou edifica, convém fazer uma análise sincera: é preciso mesmo ser anunciado? Talvez seja melhor ficar calado, porque, como dizem por aí, tem gente que de boca fechada é como um talentoso poeta.

A marca de nossa identidade em Jesus está na simplicidade. O servo de Cristo vive para glorificar a Deus e não a si próprio. Vive com alegria e harmonia, sendo simples no falar e no vestir. Às vezes vejo muitas igrejas querendo se modernizar, na tentativa de se tornarem mais atraentes. Só que isso pode trazer complicações. O problema é quando, para tentar dar uma aparência mais jovial e agradável para a igreja, a liderança abre mão de suas convicções e de seus valores. Ao adotar essa postura, muitas igrejas perdem a essência.

Por vezes os jovens e adolescentes, quando estão entre amigos, acham que precisam assumir a linguagem do mundo, dizer palavrões e rir de piadas imorais. Isso é uma tentação nessa fase da vida e os pais precisam estar atentos a seus filhos a fim de ensiná-los na direção correta. Aprendi muito com meus pais e tento passar aos meus filhos os mesmos valores. Eu já tive, na adolescência, vergonha de ser apontado na rua, de me chamarem de crente. Que tolice! Precisei vencer esse deserto, ter consciência da minha identidade, das minhas raízes e do meu valor para Deus. Invariavelmente, todos terão de passar por desertos para aprender a reconhecer a própria identidade. Ore, peça a Deus que resgate em você o valor que ele lhe deu.

Amigos para sempre

Nossa vida é dinâmica. Diariamente entramos em contato com gente nova. São rostos, olhares, jeitos e histórias que, de repente, passam a fazer parte do nosso dia a dia. É muito bom conhecer a diversidade de pensamentos, de expressões de fé e de experiências. O perigo começa quando, por causa disso, nos vemos insatisfeitos com o que temos, com nossas antigas amizades ou com nossa igreja. Olhamos para o lado e, como dizem, achamos "a grama do vizinho mais verdinha". Isso pode nos levar a desejar outras experiências e, com isso, romper laços e pactos de aliança com quem participou da nossa vida.

A Bíblia ensina que Deus é um Deus de pactos. Ele faz uma aliança de fidelidade com seus filhos, garante que sempre estará ali, independentemente de qualquer circunstância, e essa certeza é maravilhosa. Sabemos que Deus estará ao nosso lado nos momentos de alegria e de regozijo e também nos momentos de dor, de desesperança e de dúvida, enfim, nos desertos da vida.

Para mim, é motivo de grande satisfação olhar para minha história, para minha formação espiritual, e reconhecer amizades que preservo há décadas. Tenho amigos do tempo em que eu ainda era um adolescente e que já eram grandes parceiros antes de eu me tornar uma figura pública. Com o tempo fizemos novas amizades, mas não abandonamos os amigos de antigamente nem fomos esquecidos por eles. Congregamos na mesma igreja, temos o mesmo pastor e as pessoas que visitam nossa casa são as mesmas.

Assim como Deus preserva a aliança que faz conosco, também temos de preservar nossos laços, honrar nossos compromissos e saber quem somos. É uma sensação muito boa saber que o Asafe, nosso filho adolescente, conhece os amigos do tempo em que eu e Paula tínhamos 14 ou 15 anos. Ele cresce sabendo que os pais dele são pessoas que assumem compromissos, fazem pactos de aliança e convivem com amigos de longa data.

Construir e solidificar nossa identidade são caminhos que temos de trilhar. É isso que nos permite atravessar as diferentes fases da vida sem perder o foco. São muitas as histórias de pessoas que começam a fazer algum sucesso e parecem se transformar. Certa vez, trabalhei numa empresa em que valia a máxima "Dê dinheiro ao homem, mas não lhe dê poder". Era o que víamos. Bastava mudar a cor do crachá, mudar a cor do jaleco que diferenciava o chefe dos outros trabalhadores do setor, que o sujeito passava até a falar diferente, adquiria outro sotaque. Não precisava nem mudar o salário. Ele ganhava o mesmo que os demais, mas por ocupar uma função de supervisão, sentia-se mais importante. Alguns diziam: "Mas o cara está esnobando a gente agora? Não era ele a mesma pessoa que ontem brincava na hora do café? Ele enlouqueceu? Pirou?"

Geralmente, não é o sucesso ou a promoção que afetam as pessoas, transformando-as. Elas já estavam vulneráveis, justamente por não saberem exatamente quem são e o que significam. A luz, o brilho, a tentação pelo poder apenas revelou a inconsistência de sua identidade. Sempre trago comigo a ideia de que hoje posso calçar sapatos importados, mas meus pés devem estar no chão. Não devo esquecer minhas origens. Quando mantenho meus pés no chão, me lembro de que fui feito de barro, e esse é o destino do meu corpo no final. Do pó eu vim e para o pó eu voltarei. Dessa forma, consigo manter o meu foco. Tenho consciência de minhas severas limitações e, por mais que consiga vencer algumas, outras aparecerão pelo caminho.

Nuvem passageira

Todo ser humano é limitado. Uma pessoa pode até investir tempo e dinheiro treinando numa academia. Pode ser cuidadosa com o que come, tornar-se vegetariana, dedicar toda atenção à própria saúde. Pode ser adepta da medicina ortomolecular e ter acesso aos mais avançados métodos de diagnósticos. Nada disso adiantará, porém, se um câncer tiver de aparecer. A história de Steve Jobs, o criador da Apple, ilustra bem isso. Em 2003 ele recebeu o diagnóstico de um tumor no pâncreas. Ele estava com apenas 48 anos e vivia e criava intensamente. Não havia limites de acesso aos melhores centros de medicina e, mesmo assim, ele morreu em 2011. Nada do que ele fez ou construiu pôde ser levado. Nem mesmo uma capa de iPhone.

Os dias são lisos e o glamour, as conquistas, as glórias, a roupa nova e o carrão, tudo, sem exceção, irá passar. Minha avó materna sempre morou conosco. Ela acompanhou as mudanças de Aracaju para São Mateus e, por fim, para Campos. Quando eu ainda estava namorando com a Paula, ela, que era cega, segurava firme minha mão e me dizia: “Filho, tome cuidado. Trate todos muito bem porque o mundo não tem esquina. Hoje você pode estar por cima, mas amanhã pode estar por baixo.” A Bíblia tem um conselho muito parecido: “Façam todo o possível para viver em paz com todos” (Romanos 12:18).

Nossa vida não é nada mais que um vapor passageiro. Uma nuvenzinha que hoje está aqui e amanhã não existe mais. É um balão que aparece e nos faz pensar: “Nossa, vai tomar conta do céu todo.” Daí, logo bate um vento e o leva embora. Acontece o mesmo com tudo o que fazemos, por mais grandioso e nobre que seja. Por isso é preciso manter o foco. Estar ligado, viver bem, ser simples, amar as pessoas, se alegrar com elas, curtir cada dia, viver e fazer o melhor que puder hoje. O amanhã é uma grande interrogação.

Carne *versus* espírito

Os lugares que frequentamos, as pessoas com quem convivemos e os hábitos que adotamos podem influenciar nossa identidade — para o bem e para o mal. A Bíblia nos adverte:

> Como é feliz aquele que não segue o conselho dos ímpios,
> não imita a conduta dos pecadores,
> nem se assenta na roda dos zombadores!
> Ao contrário, sua satisfação está na lei do Senhor,
> e nessa lei medita dia e noite.
> É como árvore plantada à beira de águas correntes:
> Dá fruto no tempo certo e suas folhas não murcham.
> Tudo o que ele faz prospera!
> Não é o caso dos ímpios!
> São como palha que o vento leva.
> Por isso os ímpios não resistirão no julgamento,
> nem os pecadores na comunidade dos justos.
> Pois o Senhor aprova o caminho dos justos,
> mas o caminho dos ímpios leva à destruição!
>
> *Salmos 1*

***

Tenho certa dificuldade em entender pessoas que se identificam como cristãs evangélicas, mas buscam edificação em indivíduos ou em locais que não têm princípios nem valores cristãos. Muitos se justificam alegando que Jesus vivia entre beberrões e prostitutas, o que era, em parte, verdade.

O que essas pessoas parecem esquecer é que Jesus não se deslocava atrás de beberrões e de prostitutas para seu entretenimento. Ele ia ao encontro destes com um objetivo: o de pregar o Reino de Deus.

Em determinada época da minha vida fui a vários shows de música secular, por exemplo, e o que posso dizer é que, do ponto de vista técnico, são realmente bons. Porém, é só isso o que eles têm a oferecer: uma boa técnica. É o tipo de ocasião em que você chega vazio e vai embora do mesmo jeito. Quando frequentamos certos lugares, o que acontece é o que o apóstolo Paulo diz: uma guerra espiritual. Uma luta que não é contra a carne ou o sangue, mas contra principados e potestades. Sinceramente, hoje não tenho como me divertir nem relaxar num ambiente em que o meu Deus, a quem eu sirvo, a quem eu amo, não está sendo entronizado. Como é que eu, como servo de Deus, posso me sentir em paz num lugar em que ele não é bem-vindo nem aceito pelas pessoas?

A Bíblia é clara quando afirma que não podemos servir a dois senhores, e também que de uma mesma fonte não pode jorrar água amarga e doce. De que maneira posso ter como referência alguém que não tem sua vida pautada em Deus e em sua Palavra? Guardar no meu coração as palavras, o ensino, o exemplo de alguém que não ouve a Deus e que não tem temor pelo Senhor? Impossível. Essa pessoa não tem nada a contribuir para a minha formação espiritual. Ela pode até trazer alegria e entusiasmo à minha alma, às minhas emoções. Posso me sentir satisfeito em certo sentido. Só que considero meu coração enganoso. Por que devo alimentar ainda mais meus desejos, minhas emoções?

Deus é uma fonte inesgotável de alegria, prazer e edificação. Nele temos tudo. Basta olhar para o céu, para as estrelas, para toda a sua criação. Tudo que vemos é obra de suas mãos habilidosas. A Palavra de Deus preenche nosso espírito e faz de nós pessoas melhores. Por mais que, muitas vezes, vejamos a Bíblia apenas como um livro, ela é muito mais que isso: é a Palavra do Senhor. É espantoso o efeito que a Palavra de Deus pode produzir em nós.

Já fui um consumidor das músicas não cristãs. Defendia isso nas conversas com os amigos. Tinha sempre muitos argumentos, muitas justificativas. Até que compreendi que, bem antes de ver a qualidade e a beleza da música, eu deveria estar atento ao poder que ela veicula, aos efeitos que produz em meu coração, ao poder que tem de nublar e escurecer ou elucidar. Arranjos, harmonia e letra têm um poder que, para mim, devem apontar para as coisas espirituais. Quero colocar em meus ouvidos aquilo que eleva e alimenta o meu homem espiritual, que gera efeito no meu espírito e não em meus desejos e em minhas emoções. Quando alimento meu espírito, minha alma canta ao meu Senhor.

Minha identidade não é a música

Anos atrás, quando eu e Paula ainda namorávamos, fizemos uma viagem a São Paulo. Chegamos ao terminal Tietê e fomos tomar um café. Lá vimos um rapaz cabeludo que vestia uma camiseta em que estava escrito: “Eu gosto de blues e do velho e bom rock’n’roll!” Virei para a Paula e disse:

"Eu também sou assim: gosto de blues e de rock." Porém há uma diferença entre aquele jovem e eu: não faço apologia de gênero musical. É só um gosto pessoal, um mero detalhe. O que importa mesmo é comunicar o Reino de Deus, a fé em Jesus. Isso, sim, me define. Essa fé diz respeito à minha genuína identidade.

Tenho urgência em comunicar o Reino, e, embora goste de rock, se tiver que tocar samba ou sertanejo para ganhar pessoas para Cristo, eu topo. A música é só um instrumento, uma ferramenta. Eu a uso como bem entender. Não é ela que me domina, não sou seu escravo. A música não é minha identidade — é apenas um meio para transmitir o sentimento que tenho por aquele que me salvou. Por tudo isso, acredito que não precisamos nos travestir de pessoas antenadas, de gente que gosta ou acompanha o que está na moda. As festas dos nossos filhos não precisam ser embaladas por músicas que não fazem parte do nosso arraial. Nossas cerimônias de casamento não precisam ter um acabamento mundano. Nossa vida precisa, sim, estar repleta de canções que exaltem a Deus e declarem guerra contra os principados e as potestades que militam contra nosso espírito.

Tenho alguns violões em casa. Quando me sento para tocá-los, quero fazer o nome do Senhor ser glorificado. Meu violão é minha arma. Não o uso para me exibir, para demonstrar meus talentos musicais, mas, sim, para engrandecer a Deus. Não dedilho mais as canções do passado, músicas que embalaram a minha velha natureza. Elas me fazem lembrar das "cebolas do Egito". O povo hebreu era servido milagrosamente por Deus. Livre da escravidão, Israel caminhava para uma terra que "mana leite e mel" e tinha a promessa de um fim glorioso. Mas, no deserto, esqueceu-se de que era o povo escolhido por Deus e pensava apenas nos temperos deixados para trás.

> Nós nos lembramos dos peixes que comíamos de graça no Egito, e também dos pepinos, das melancias, dos alhos-porós, das cebolas e dos alhos. Mas agora perdemos o apetite; nunca vemos nada, a não ser este maná!
>
> *Números 11:5-6*

O que tenho no presente é muito superior a qualquer coisa que tenha ficado para trás. A forma pode nos enganar. A técnica musical. A roupa. O físico perfeito. O que se ostenta. Nada disso, porém, tem valor. No caso da música, o ideal é que se tenha unção e técnica. Conteúdo espiritual e beleza. Porém, não podemos nos equivocar. Uma vai sempre querer se impor sobre a outra. Nesse caso, a unção precisa superar a técnica. O homem espiritual deve ditar os passos da performance. Porque, por melhor que seja a técnica, a qualidade musical, a competência do músico, nada disso é capaz de mover a mão de Deus. Somente o Espírito desempenha essa função.

Há 12 anos, tomei uma decisão bem particular. Não compro e nem escuto músicas seculares. Não acredito que de uma mesma fonte possa sair água doce e amarga. Deixo o canal livre para a ação de Deus, de seu Espírito. Por causa dessa opção tenho que enfrentar situações embaraçosas e, às vezes, pagar o preço pela escolha de ser um servo de Deus. Foi assim na infância, quando aprendi a defender minha herança nordestina, meu sobrenome. Sempre tive muito orgulho da minha origem. De ser um nordestino. De fazer parte de um povo lutador, divertido e acolhedor. Foi da mesma forma, na adolescência, quando saía pelas ruas com a Bíblia debaixo do braço. Fui forjado na Igreja, nos louvores, na adoração e na oração. Não tenho nenhuma vergonha disso, e saber quem eu sou me dá segurança para continuar seguindo o alvo. Deposito toda minha confiança no Senhor e sigo em paz e segurança.

Espero que, ao ler tudo isso, você reflita sobre como tem construído sua vida e considere quais os valores que tem colocado na edificação de sua identidade. Nosso desejo carnal quer o show, clama pelo espetáculo. Mas nosso espírito quer a unção de Deus, porque somente ela é capaz de trazer liberdade e de quebrar todo jugo.

CAPÍTULO 3

O bem e o mal nas relações familiares

Muitas vezes, durante minhas apresentações, observo lá do palco jovens e adolescentes sozinhos, longe dos pais. Sei que boa parte está ali com o coração entregue a Deus, com o desejo profundo e sincero de louvá-lo. Muitos, porém, querem distância de seus pais, pois sentem vergonha, como se seus pais não soubessem nada da vida. É natural da juventude acreditar que os pais são alienados e ultrapassados.

Essa interpretação se explica, em parte, pelo fato de que os mais velhos, muitas vezes, apresentam certa resistência em assimilar aspectos culturais contemporâneos, como música e cinema, e podem apresentar dificuldades no que diz respeito à tecnologia, como o uso de *smartphones,* de *tablets* e mesmo de redes sociais, ferramentas que os jovens, em geral, dominam tão bem.

Sei, no entanto, que existem filhos com motivos bem mais sérios para querer se distanciar dos pais. Alguns foram abandonados na infância ou sofreram agressões. Já ouvi de jovens muitos argumentos: "Fernandinho, meu pai não é crente", "Meu pai é violento", ou ainda "Ele é um bêbado".

Da mesma forma, conheço pais que estão destruídos. São vítimas de filhos desonestos, violentos, mentirosos ou ingratos. Pessoas que fizeram o melhor que sabiam e podiam por seus filhos. Saíam cedo de casa para o trabalho, ficavam sem almoço a fim de economizar e faziam todo tipo de sacrifício só para poder dar o melhor às crianças. Privaram-se de muitas coisas só para matriculá-las em boas escolas. Mas, apesar de todos os esforços, muitos desses pais são acordados no meio da madrugada por um telefonema da delegacia de polícia. São intimados por juízes e assistem, impotentes, os filhos serem condenados por crimes abomináveis.

Há ainda o caso de pais que são simplesmente abandonados pelos filhos quando a idade chega. Muitos deles são servos de Deus. Homens e mulheres retos, justos e tementes ao Senhor, e eles choram todos os dias por causa de sua descendência ingrata.

É fácil argumentar ou acusar, dizer que foram pais ausentes ou fizeram o que não deveria ser feito. Mas e Adão, que vivia diante do próprio Deus? Que era ouvido e conversava com o Senhor? Deus, por acaso, fez algo errado? Deus foi além do máximo de perfeição e, mesmo assim, Adão e Eva escolheram o caminho mau e se corromperam.

A verdade é que não podemos nos esconder diante da declaração explícita das Escrituras que nos manda respeitar nossos pais. Honrar o pai e a mãe é o primeiro mandamento bíblico com uma promessa de Deus, conforme está registrado em Êxodo 20:12: "Honra teu pai e tua mãe, a fim de que tenhas vida longa na terra que o SENHOR, o teu Deus, te dá."

Essa determinação é reiterada diversas vezes no livro sagrado, mas, apesar disso, nem todos os cristãos parecem se dar conta de sua importância. Acredito que aí esteja a origem de tantos desencontros entre pais e filhos. Quando ministro em um culto, vejo claramente essas pessoas diante de mim. É fácil notá-las entre as multidões. Elas estão ali. Pais longe de seus filhos. Filhos que não querem estar perto dos pais. Filhos que choram pelos pais e pais que choram pelos filhos. Pais que choram como crianças, filhos que pranteiam como adultos. Todos, no fundo, anseiam pela chuva de Deus, capaz de pôr fim à aridez dos relacionamentos familiares em conflito.

Aconteceu comigo

Durante boa parte da minha adolescência, tive grandes diferenças com meus pais, em especial com meu pai. Como, devido ao trabalho, ele passava boa parte do tempo longe de casa, quando retornava, era severo. Tinha lições a nos ensinar, valores a transmitir. Foi assim, me obrigando, que ele colocou a música em minha vida. Eu era um garoto que não pensava nisso, mas ele sabia que a música poderia dar um bom rumo à minha vida. Ele também me levava, quase arrastado, aos cultos domésticos. Eu tinha de decorar versículos longos e estudar a Bíblia, quando o que eu queria mesmo era assistir à televisão e jogar bola com meus amigos na rua. Todo esse conflito acontecia na metade do mês em que ele ficava em casa. Então passei a construir uma imagem equivocada dele. Eu o achava duro demais.

Quando eu já era um pouco mais adulto, com planos para me casar, mas sem emprego, meu pai conseguiu para mim um trabalho temporário numa plataforma de petróleo. Fiquei embarcado por 21 dias na bacia de Campos, que é a bacia petrolífera que mais produz em toda a margem continental do país. Naquela extensão, que vai da cidade de Vitória, no estado do Espírito Santo, até Arraial do Cabo, no litoral norte do estado do Rio de Janeiro, são retiradas 80% de toda a produção de petróleo da Petrobras. Lá está localizado um dos maiores e mais modernos complexos petrolíferos do mundo. É um lugar em que a competência e a seriedade no trabalho fazem toda a diferença.

Meu pai trabalhava naquela região, e eu, por quase um mês, pude passar também por essa experiência. Apesar do bom salário pago pelo trabalho na plataforma, a carreira no setor petrolífero, para quem atua no oceano, é de alta rotatividade. E não é para menos, afinal, se há 14 dias de folga, há também duas semanas de trabalho intenso, em que o trabalhador fica totalmente desconectado do resto do mundo. São turnos que variam de 12 horas a plantões de 24 horas de trabalho.

Na plataforma para onde fui — e que não era a mesma onde meu pai estava trabalhando — todos conheciam o "seu" Fernando. Eu, um jovem que começava a amadurecer, tive a oportunidade rara de conhecer meu pai através dos olhares dos amigos dele, dos colegas de trabalho. E descobri como ele era querido.

Os trabalhadores passavam horas contando histórias sobre meu pai, sempre com grande entusiasmo. Diziam que ele era uma pessoa especial, que costumava ter uma palavra de conforto a quem precisasse. Os amigos o consideravam um homem de respeito, fiel a seus princípios. Lembravam-se de como ele estava sempre disposto a ajudar nas situações mais complicadas, e de como tinha a capacidade de tornar fáceis questões que pareciam sem solução. E me abraçavam como se abraçassem meu pai.

Não foram poucas as vezes em que ouvi daqueles homens coisas como: "Você tem que se orgulhar de ser filho de quem é", "Seu pai é o cara!", "Poxa, como ele me ajudou". Todos aqueles relatos foram invadindo meu coração de tal forma que, certa noite, corri para meu aposento na plataforma e chorei. Chorei muito. Naquela noite pude perceber como havia julgado meu pai de forma errada durante boa parte da vida.

Eu havia sido um filho intolerante. Achava-me superior. Considerava-me injustiçado. E ali, nas vozes dos que conviveram com ele durante tanto tempo, meu pai foi se revelando um homem de Deus. Um pregador do evangelho de Cristo. Uma pessoa que procurava fazer o melhor para os filhos e para a família. Com muitos erros, sim, mas erros que foram cometidos na tentativa de acertar. Quando dobrei meus joelhos para pedir perdão a Deus, meu coração ficou mais leve. Pude agradecer a Deus por ter me esclarecido. E, desde então, a relação com meu pai mudou para melhor.

Algo semelhante aconteceu em relação à minha mãe. Quando Paula ficou grávida de nosso primeiro filho, Asafe, o valor daquela mulher cheia de fé, firme, e ao mesmo tempo doce, tornou-se cada vez mais evidente para mim. Comecei a me dar conta de que tudo o que minha esposa vivia — os enjoos, o mal-estar ocasionado pela gravidez — fora sentido também por minha mãe durante a minha gestação.

Quando nosso filho nasceu, então, o que estava ficando mais claro iluminou-se de vez. Noites sem dormir a fim de amamentar o bebê. Paciência sem tamanho. Amor, doçura, cuidado. Tantas qualidades que eu via brotar em Paula e que me remetiam a minha mãe.

Algumas vezes aquela jovem mãe precisou correr até um pronto-socorro para ver o que se passava com um de nossos filhos. Febres, dores e gemidos não identificáveis nas crianças nos enchiam de temor, mesmo que os médicos dissessem tratar-se apenas de uma virose.

Tudo isso me fazia pensar em minha mãe, que não tinha carro, que vivia boa parte do mês sem a presença do meu pai, e que tinha de resolver tudo sozinha. Naquela época as coisas eram bem mais dificeis. Os exames clínicos menos sofisticados. Dona Iraci, mesmo assim, tocava a vida com muita alegria, graça e fé.

A chegada dos meus filhos deixou claro para mim o valor da minha mãe. A relação deles com a minha esposa tornou evidente aos meus olhos como minha mãe foi zelosa ao cuidar de mim e de meus irmãos. Como ela foi valente. E, assim como houve antes e depois na relação com meu pai após o trabalho na plataforma de petróleo, houve também um marco na minha relação com minha mãe após o nascimento dos nossos filhos.

Todos esses acontecimentos fizeram com que hoje eu olhe para os meus pais com profundo respeito e possa assegurar que há grande privilégio em cumprir a recomendação bíblica: "Respeite cada um de vocês a sua mãe e o seu pai" (Levítico 19:3). Além disso, a passagem de Provérbios 1:8 passou a fazer todo sentido: "Ouça, meu filho, a instrução de seu pai e não despreze o ensino de sua mãe. Eles serão um enfeite para a sua cabeça, um adorno para o seu pescoço." Não é só respeito, é também orgulho de ser filho de quem sou. Carrego comigo como se fossem troféus as lições valiosas que aprendi com meus pais, e procuro transmitir tudo que foi bom para os meus próprios filhos.

Não somos máquinas que acertam sempre

A experiência de vida, o passar dos anos nos mostra coisas que não sabemos e que também não podem ser aprendidas de outra forma. Muitas vezes, só é possível entender o valor e as dificuldades da mãe ou do pai sendo também mãe ou pai. Quando nossos filhos nascem e começam a crescer, fica claro que eles possuem personalidade própria. E, por mais que estejamos juntos, eles têm seus próprios caminhos. Deus os criou livres. Assim como nós também fomos criados livres.

Algo que aprendemos quando nos tornamos pais, e penso que aconteça o mesmo com as mães, é que a maior parte dos erros que cometemos em relação aos nossos filhos são uma tentativa de fazer o melhor. Erramos querendo acertar. Espero que meus filhos, quando crescerem, olhem para trás e façam essa análise. Que digam: "Meu pai foi um bom cara em casa e se ele errou, foi na melhor das intenções." Porque é exatamente isso que acontece.

Sempre converso com Paula sobre isso. Tento saber se estou agindo corretamente com meus filhos e se, aos olhos dela, tenho sido um bom pai, se sei ouvi-los e ensiná-los. São tantos "se" que me incomodam, e não tenho todas as respostas. Estou certo de que não poderei ser um décimo do Pai que Deus foi para Adão e Eva, mas isso não me impede de querer fazer o melhor como pai.

Não nos faltam vozes a apontar caminhos. Nos programas de televisão aparecem pedagogos, educadores, psicólogos e outros profissionais que tentam ensinar como cuidar melhor dos nossos filhos. Eles criam cartazes e desenham em lousas as mais bem-fundamentadas teorias. Ditam categoricamente como deve ser o nosso tom de voz, dizem como deve ser nossa participação, nossas reuniões e nossas festas de aniversário. Ensinam o que devemos falar para nossos filhos e como encará-los.

Ao final desses programas, as crianças e os adolescentes parecem domesticados. Mudam o comportamento, mostram-se sorridentes e felizes. Geralmente a última cena mostra pai e mãe caminhando de mãos dadas por uma praça ou na praia. Nas coloridas e ensolaradas paisagens, os filhos correm na frente, fazem ciranda, se abraçam, e todos se lambuzam de sorvete. Parecem tão felizes. Como se a vida pudesse ser resolvida em pequenos passos para o sucesso. Vejo tudo isso com bastante desconfiança.

Penso que se nos afligirmos cada vez que falharmos na tentativa de seguir todas as recomendações que vemos na televisão ou lemos nas revistas, logo ficaremos malucos. Não vamos suportar, porque a verdade é que somos extremamente frágeis e humanos, e não máquinas programadas para fazer as coisas certas.

O melhor que temos a fazer — como pais e como filhos — é olhar para a Palavra de Deus. Há vários provérbios que indicam como deve ser nossa postura dentro da família, que passa necessariamente pelo respeito e pela honra aos pais, algo que devemos não só praticar, mas também incutir em nossos filhos. Vejamos alguns deles:

> Se alguém amaldiçoar seu pai ou sua mãe, a luz de sua vida se extinguirá na mais profunda escuridão.
>
> *Provérbios 20:20*

> Ouça o seu pai, que o gerou; não despreze sua mãe quando ela envelhecer.
>
> *Provérbios 23:22*

> Os olhos de quem zomba do pai, e, zombando, nega obediência à mãe, serão arrancados pelos corvos do vale, e serão devorados pelos filhotes do abutre.
>
> *Provérbios 30:17*

A maior parte do livro de Provérbios é de autoria do rei Salomão, reconhecidamente um dos homens mais sábios que já existiram sobre a terra. Salomão era o filho mais novo do rei Davi com Bate-Seba, viúva de Urias, a quem o rei Davi emboscou numa trama para matá-lo e ficar com sua esposa. Esses eram os pais de Salomão, e quando ele fala em respeito, obediência e temor, não se refere a uma figura perfeita de pais, mas a quaisquer pais, como os seus, como os dele — e como nós mesmos, quando nos tornamos pais.

Para Salomão, os pais devem ser ouvidos em todas as situações da vida. Devem ser consultados sempre, já que são responsáveis, eleitos por Deus para ajudar os filhos no decorrer da existência. A Palavra de Deus nos ensina que devemos nos submeter a eles no Senhor. E essa recomendação não se restringe ao Antigo Testamento. Paulo orienta todos nós, que somos filhos: "Obedeçam a seus pais no Senhor, pois isso é justo. 'Honra teu pai e tua mãe' — este é o primeiro mandamento com promessa — 'para que te corra bem e tenhas longa vida sobre a terra'" (Efésios 6.1-3). E também os que são pais: "Não irritem seus filhos; antes criem-nos segundo a instrução e o conselho do Senhor" (Efésios 6.4).

Em outra carta, o apóstolo se dirige mais uma vez a filhos e pais: "Filhos, obedeçam a seus pais em tudo, pois isso agrada ao Senhor. Pais, não irritem seus filhos, para que eles não desanimem" (Colossenses 3:20-21).

Pelo simples fato de sermos falhos e sujeitos ao pecado, não podemos esperar a perfeição, nem de nós mesmos nem dos que estão às nossa volta. Entretanto, deve existir dentro de cada um de nós o desejo de seguir o que as Escrituras recomendam. Ainda que possamos absorver coisas positivas dos que se dedicam à educação e à psicologia, é para a Bíblia que nossos olhos devem estar voltados em primeiro lugar.

Invista bem o seu tempo

Sou pai de três tesouros valiosos: Asafe, Mariah e Abner. E, como pai, quero proporcionar uma vida confortável para eles. Penso em como prover a melhor educação e o conforto necessário para um crescimento feliz. Quero que tenham acesso aos sonhos deles, não importa se no futuro decidam viver aqui ou fora do país, se planejem ser músicos ou médicos. Tudo que desejo é que eles tenham condições educacionais e financeiras para isso. Providencio para que frequentem lugares interessantes, vistam boas roupas e se alimentem bem. Espero que tenham suas casas, suas famílias, seus bens. Enfim, quero deixá-los com certa estabilidade.

Se você também é pai ou mãe, entende o que quero dizer. Todo pai quer facilitar a vida dos filhos. Conheço pessoas que saem de casa todos os dias bem cedo e só retornam no final da noite. Trabalham 12, 14 horas por dia. Elas têm uma meta clara: querem enriquecer. Querem seu "primeiro milhão de dólares". Essas pessoas, sem perceber, entram numa corrida desgastante. Elas não vivem, apenas contabilizam a vida. "Tempo é dinheiro", dizem. E assim tecem seus relacionamentos. Com essa mentalidade criam amizades e investem seus dias.

Se você se enquadra nessa descrição, saiba que nada disso valerá se você não for um exemplo para seus filhos. Não importa quanto você consiga acumular, acredite: isso não é o mais importante para as crianças. O que eles querem é o pai e a mãe. Eles querem uma família feliz e em paz. Eles querem demonstrações de afeto. Seus filhos não precisam de presentes caros ou de brinquedos tecnológicos. Isso tudo é passageiro. O que eles precisam é do pai presente, da mãe afetuosa. Do abraço. Do olhar. Do carinho e dos ouvidos.

Ninguém deveria investir seu tempo em algo que o distancie da família. Ela é o bem mais valioso que temos. O mundo consumista de hoje tenta nos colocar numa roda diabólica. Precisamos ter e comprar, a todo custo. E muito. E rápido. Queremos experimentar de tudo um pouco. E, se não prestamos atenção, envolvemos nossa família nisso. Deixamos as crianças expostas à televisão o dia todo enquanto saímos para ganhar e gastar mais. E, diante da tela, elas aprendem que precisam de centenas de brinquedos diferentes para se sentirem felizes.

Não são poucos os pais que estão endividados por não saberem dizer não, porque acham que precisam daquela marca de roupa ou daquele modelo de carro, porque pensam que um *tablet* vai ser a diferença entre a felicidade e infelicidade para uma criança. O que eles não sabem é que nada disso corresponde às necessidades reais e aos desejos mais profundos de seus filhos. Estes querem é olhar para trás e reconhecer seus pais na sua história. Não querem um apartamento no testamento. Querem uma vida de exemplos, de testemunho. Querem se orgulhar do pai e da mãe que tiveram. É essa herança, ou melhor, o legado, que esperam receber.

Asafe, como já mencionei, é o meu filho primogênito. Seu nascimento desencadeou em mim uma série de reflexões e atitudes que só a paternidade gera no homem. Quando Paula e eu começamos a conversar sobre o nome que daríamos a ele, me lembrei do levita Asafe, cuja história está contada nos dois livros de Crônicas. Era o chefe dos levitas e recebeu das mãos do rei Davi a incumbência de dirigir o canto na casa do Senhor. Ele compôs 12 dos salmos constantes da Bíblia. Asafe também é o mesmo nome do cronista do rei Ezequias. Eu, como ministro de louvor, gostaria de me chamar Asafe. É o nome de pessoas dignas de admiração e de carinho. Asaph Borba, por exemplo, é o nome de um dos principais cantores e ministros evangélicos de nossa geração.

Porém, a despeito de toda nossa reverência a esse nome, para o nosso filho isso foi um incômodo durante algum tempo. Um dia percebi que Asafe estava triste e fui saber o que estava acontecendo. Ele se abriu comigo e contou que a razão era o nome dele. "Eu não gosto desse nome, pai", disse ele. E explicou que na escola alguns garotos o incomodavam com isso.

Foi uma conversa muito especial com meu filho. Pude dizer a ele que o compreendia bem, pois havia experimentado algo semelhante por causa do "Jerônimo" que eu havia herdado das tradições nordestinas. Expliquei que Asafe representou uma nação chamada Israel, que era um grão de areia no mundo e que mesmo assim influenciou multidões. Que isso é histórico e até hoje Israel é temida e respeitada por toda a terra. Também contei para ele como foi que Paula e eu decidimos lhe dar esse nome, e falei de todo carinho e cuidado que tivemos com essa escolha.

Mais do que uma função, seja de ministro, seja de escritor, Asafe é para mim uma postura de vida. A postura de um adorador, de um homem temente a Deus. É isso que espero do meu filho. Espero que ele seja um jovem que ande de acordo com a Palavra do Senhor. Que confie em Jesus e faça dele seu companheiro e seu melhor amigo. Tenho certeza de que não poderei estar em todos os lugares com o meu Asafe, protegendo, ensinando ou admoestando. Mas Deus estará sempre com ele, como esteve com os outros Asafes nas Escrituras.

Assim como aconteceu com meus pais, muitas vezes o relacionamento entre pais e filhos apresenta problemas por falta de uma comunicação adequada. Depois dessa conversa, meu filho passou a se sentir melhor. Ficou mais confiante e orgulhoso de sua história e compreendeu por que escolhemos esse nome. Não foi por acaso. Não procuramos o nome dele entre os galãs das novelas, nem vimos na internet os nomes que estavam na moda. A escolha foi fruto de oração, de estudo e, sobretudo, de muito amor.

Talvez, se não tivéssemos reservado um tempo para essa conversa, Asafe jamais saberia o quanto a escolha de seu nome foi importante para nós. Pode ser que isso se tornasse um motivo de revolta no futuro. Uma indignação por não ter um nome, digamos, mais comum. Mas Asafe não é comum, é especial. E hoje ele sabe quanto é especial.

Você também é especial

Nesse ponto, quero fazer uma pausa para ressaltar algo que é importante tanto para quem é pai quanto para quem é filho. Deus tem um propósito de paz, reconciliação e vida abundante para cada um de nós. Ele quer que sejamos canais de bênção sobre esta geração. Acredite, você não está destinado a sofrer, não importa quão conturbadas tenham sido suas relações familiares. Este é o chamado de Deus para cada um:

> Eis o meu servo, a quem sustento, o meu escolhido, em quem tenho prazer. Porei nele o meu Espírito, e ele trará justiça às nações. Não gritará nem clamará, nem erguerá a voz nas ruas. Não quebrará o caniço rachado, e não apagará o pavio fumegante. Com fidelidade fará justiça; não mostrará fraqueza nem se deixará ferir, até que estabeleça a justiça na terra. Em sua lei as ilhas porão sua esperança.
>
> *Isaías 42:1-4*

Você pode escolher o caminho da graça de Deus, que nos chama para um novo tempo, para fazer parte de uma geração que tem em Samuel um símbolo. Samuel foi um jovem profeta entregue pela mãe ainda criança, logo após ser desmamado, para ser educado na casa do Senhor pelo sumo sacerdote Eli. Ele teve o privilégio de ouvir Deus chamar seu nome e durante toda a vida obedeceu ao Senhor. Foi Samuel que desautorizou o rei Saul e que ungiu Davi, e seu papel foi fundamental para a história de Israel.

Deus também está chamando pessoas hoje. Ele quer estabelecer na sua vida um tempo de louvor, e também um tempo de obediência. Se você é filho e pode fazer algo que o aproxime de seus pais, faça. Se pode levar a cura aos seus pais, leve. Não os abandone. Se você é pai ou mãe, dê a seus filhos o que eles mais precisam, que é você mesmo e os valores que tem a transmitir a eles. Se você sabe fazer o certo, faça.

Construindo pontes

Há algo que tenho visto e aprendido como pai e como filho. Para obter êxito no acesso ao coração de seu filho, é preciso que você se dedique a construir uma ponte até lá. E essa é uma tarefa bastante trabalhosa. Para que se consiga pavimentar uma ligação de uma margem de um rio até a outra são exigidos, por vezes, anos de trabalho.

Por exemplo, a maior ponte brasileira e uma das 15 maiores do mundo, a ponte Presidente Costa e Silva, mais conhecida como ponte Rio-Niterói, passa por sobre nove quilômetros de mar para ligar as duas cidades e levou cinco anos para ser construída. A idealização da Rio-Niterói, entretanto, começou bem antes, em 1875, com d. Pedro II, que já estudava um meio mais rápido e curto de cruzar a baía de Guanabara. Sua construção trouxe grande progresso para os dois municípios e para o país.

Se para criar uma via de acesso entre duas cidades foi necessário todo esse tempo mais um investimento de 5 bilhões de reais, em valores atualizados, imagine o empreendimento para encontrar um caminho entre você e seu filho. É um trabalho que dinheiro nenhum pode comprar, mas que exigirá dedicação, atenção e amor.

Mas o conselho que dou é: "Pai ou mãe, não poupe esforços nessa edificação. Construa uma ponte entre você e seus filhos." Talvez você me pergunte: "Mas, Fernandinho, que ponte é essa? Como posso construí-la?" Bem, não existem receitas prontas para isso. Você terá de participar da vida de seu filho, saber quais são os interesses, os gostos e as predileções dele. Você vai precisar saber o sabor de sorvete de que ele gosta e se inteirar da música que ele tem ouvido. Será necessário deixar a internet um pouco de lado para ouvi-lo, tirar bons momentos com ele, cativá-lo. Você terá de se doar e se interessar verdadeiramente por ele.

Quando você descobrir esse caminho, fique tranquilo. O acesso ao coração de seu filho estará garantido por toda a vida. Você poderá ir e voltar constantemente, e sempre saberá como encontrá-lo.

Essa é uma oração que faço todos os dias a Deus. Peço que o Senhor me ajude, que me dê sabedoria para construir as pontes que me colocam em contato com o coração dos meus filhos. Cada filho é único. Para cada um deles vou precisar de novas ferramentas. De outra remessa de materiais de construção. De muita mão de obra e de um sólido projeto.

Sei que quanto antes eu começar a pavimentar esse caminho, menos esforço vou precisar fazer. A distância será encurtada. Mas se eu deixar para me importar apenas quando eles forem mais velhos, apenas quando estiverem na adolescência ou na juventude, o trabalho será muito difícil e os investimentos, astronômicos.

Os tempos são maus, mas Deus é bom

É fato que vivemos um tempo difícil, como o que a Bíblia aponta:

> Saiba disto: nos últimos dias sobrevirão tempos terríveis. Os homens serão egoístas, avarentos, presunçosos, arrogan-

> tes, blasfemos, desobedientes aos pais, ingratos, ímpios, sem amor pela família, irreconciliáveis, caluniadores, sem domínio próprio, cruéis, inimigos do bem, traidores, precipitados, soberbos, mais amantes dos prazeres do que amigos de Deus, tendo aparência de piedade, mas negando o seu poder.
>
> *2Timóteo 3:1-5*

As relações familiares, infelizmente, refletem essa realidade e não são poucos os casos de pais que odeiam os filhos e vice-versa. Para os que se encontram nessa situação, não há alternativa a não ser perdoar, pois "o ódio provoca dissensão, mas o amor cobre todos os pecados" (Provérbio 20:12).

O caminho do perdão pode ser mais acidentado para uns do que para outros. Sei que é mais fácil compreender a ausência do pai em casa por conta de um trabalho do que aceitar e amar um pai que abandonou o lar para seguir sua vida. É extremamente mais simples reconciliar-se com um pai que foi intolerante do que com um pai violento. Porém, o caminho do perdão é o único capaz de sarar um coração ferido.

A Palavra de Deus me ensina que só há uma solução para todo desencontro na vida — o perdão. É o que nos leva à abundância de vida, que nos traz o refrigério da chuva em meio à aridez do deserto. Que nos conduz à graça e à bondade de Deus.

Não é um deserto confortável para se peregrinar. Liberar o perdão aos pais ou aos filhos é uma tarefa árdua. Porém, perdoar não é esquecer. E também não é algo instantâneo. Perdoar é uma decisão. É preciso olhar para aquela experiência negativa do passado e repassá-la diante da sua nova realidade, de filho de Deus.

Quando você se põe no papel do pai ou da mãe, do filho ou da filha que lhe causou dor, fica mais fácil de compreender. Quando pensa no ambiente em que viviam, na história de vida deles e nas marcas que carregam, tudo tende a ficar mais claro. A partir daí, é preciso tomar a decisão de deixar essas correntes para trás. A amargura só aprisiona quem a carrega no peito.

Você nunca poderá mudar uma história, mas pode, sim, reconstruí-la. Creia, a presença de Deus irá sustentá-lo pelo vale ressecado e sua persistência vai fazer com que a chuva abençoadora se derrame sobre a sua vida.

De todas as experiências que tive com meus pais, eu absorvo as coisas boas. Olho para aquilo que tem valor, que gerou frutos. Aquilo que me ensinou a ser um filho melhor, um servo de Deus, um homem honrado. Não devo ficar paralisado pelas coisas ruins. Procuro tirar lições daquilo que, segundo meu entendimento, não foi a melhor escolha. Elas só servem para que eu faça diferente. Se acho que meu pai não foi tão bem em determinada área, vou tentar fazer diferente com meus filhos. Só isso. Não posso olhar para minha história com um sentimento de pesar, com um espírito só de crítica.

É possível que seu pai ou sua mãe tenha cometido erros terríveis. Seus pais podem ter sido desleais, brutos, violentos ou mesmo tê-lo abandonado. Como pai, tenho dificuldade em penetrar no coração dessas pessoas e entender como podem maltratar os filhos. Eu amo tanto os meus que me sinto bem desconfortável em me colocar no papel de alguém que poderia ferir um filho.

Mas esse tipo de situação acontece e não é raro em nosso país, tão carente de educação e de acesso às condições mais básicas de saúde, segurança, cultura e lazer. Cenas de violência de pais contra filhos são, para nossa tristeza, frequentes. Estão presentes nos noticiários todos os dias.

Uma coisa que tenho aprendido é que algumas histórias se repetem. É provável que o pai que foi ausente com o filho também tenha sido vítima da ausência paterna em sua história. É possível que os pais que resolvem os atritos com seus filhos por meio de uma agressão, uma bofetada, não tenham tido a chance de dialogar com seus pais quando crianças e jovens. É quase certo que também tenham sido vitimados. Da mesma forma os pais dos pais deles, e assim indefinidamente. É uma geração que faz o mal não porque deseja isso, mas apenas por não saber fazer diferente.

Creio que independentemente dos erros dos pais, é dever dos filhos amá-los e honrá-los. E se há algo que possa ser feito, isso deve ser feito.

***

Certa vez, um amigo meu confidenciou-me sua história de vida. Ele não sabia quem era seu pai e isso o fazia sentir-se muito desconfortável. Era como se tivesse que conviver com um grande e triste vazio dentro de si. Seu drama, porém, tinha uma origem ainda mais dolorida. Ele não tinha como saber quem era seu pai porque sua mãe, quando jovem, sofrera uma violência abominável. Ela foi estuprada por vários homens desconhecidos e engravidou. Nove meses depois, meu amigo nasceu.

Não foi fácil para ele me contar isso tudo. Esse amigo vivenciou uma dor difícil de compartilhar. No decorrer de sua vida, ele precisou aprender a se tornar uma pessoa íntegra, mesmo com um passado de tamanha crueldade. Ele teve de aprender a amar, ainda que tenha sido fruto de um ato odioso.

Só é possível sobreviver assim pela graça de Deus. Quando não se conhece o pai ou a mãe, não se desenvolve o senso de pertencimento, que faz com que alguém se sinta parte de uma família. Parece que sempre falta alguma coisa. A pessoa fica sem referência, como se tivesse de andar pelo deserto sem uma bússola. Geralmente filhos sem pais são também incompreendidos. São cobrados por suas características, sejam elas arredias, sejam pacatas. Para eles, é muito mais difícil criar laços de afeto, já que carregam essa lacuna na vida. Mas, ainda assim, creio que esse não é o final da história.

***

Desde 2006, costumamos visitar Novo Aripuanã, uma cidade do Amazonas com 20 mil habitantes e sem alternativas de atividades econômicas para geração de renda. Situada praticamente no meio do nosso continente, fica às margens dos rios Madeira e Novo Aripuanã, os quais se encontram em determinado ponto do curso, formando um espetáculo incrível de cores.

Até hoje atravessamos a floresta amazônica para apoiar o trabalho missionário realizado pelas igrejas naquela cidade. Reunimos quem deseja ouvir e falamos do amor de Jesus. Em uma dessas ocasiões levamos conosco um grupo de profissionais da saúde — oftalmologistas, pediatras, psicólogos. Sabíamos das necessidades das pessoas e procuramos oferecer-lhes ajuda e compaixão.

Nas cidades do interior do Amazonas, casos de abuso sexual são frequentes. Configuram quase um aspecto cultural. Conheci diversas crianças, algumas de apenas cinco anos, que foram vítimas de abuso por parte de pais, primos, tios ou irmãos. Há casos de famílias que, para pagar a dívida no armazém, oferecem seus filhos, crianças e pré-adolescentes, como empregados sexuais.

Numa dessas viagens, levei o grupo de teatro Jeová Nissi, formado por jovens de São Paulo. Meninos e meninas valentes, eles enfrentaram 12 horas de barco para chegar àquele lugarejo. Esses atores voluntários encenaram peças na região, ajudaram a distribuir cestas básicas, e juntos prestamos assistência à comunidade local. Após um culto matinal, participamos de um almoço com pratos à base de tucumã, um fruto de cor amarelada, muito rico em vitamina A, com sabor que lembra o damasco e tradicionalíssimo na região Norte do país.

Nesse dia, logo após o almoço, Paula e eu saímos para caminhar à beira do rio Madeira. Observávamos cada construção, a maior parte erguida com tábuas de madeira, compondo um cenário natural emoldurado pelo marrom das densas águas do rio e pelo azul do horizonte limpo, sem nenhuma grande edificação. Eu observava cada rosto, prestava atenção nos gestos e no jeito de falar. Contemplar as paisagens e as pessoas de diferentes regiões do país me mostra como a Palavra de Deus é perfeita e capaz de atingir qualquer coração, independentemente da etnia ou da formação social e cultural de quem a ouve. O sol ainda brilhava bem forte do outro lado do rio quando decidimos voltar e reencontrar os jovens do grupo de teatro.

Quando chegamos, eles nos contaram que, assim que saímos para o nosso passeio, algumas crianças entraram no restaurante onde estávamos. Elas chegaram dizendo que sabiam fazer sexo e que poderiam atender nossa equipe. Bastava contribuir com um quilo de farinha. Essas crianças aparentavam ter uns seis anos.

A oferta constrangeu e comoveu toda a equipe. Talvez para quem viva nos grandes centros urbanos, a violência tenha outras características. Por lá, no interior do Amazonas, ela se apresenta fustigando justamente os mais frágeis: as crianças, a quem pertence o Reino de Deus. E, o pior é que, em geral, são os próprios pais, aqueles que deveriam protegê-las, que as submetem a tal violência.

Muitas perguntas nos vêm à mente diante de situações como essa: qual o futuro dessas crianças? O que vão pensar sobre a vida, sobre os relacionamentos e sobre o próprio sexo? Como perdoar pais que, deliberadamente, ajudaram a destruir a personalidade que deveriam ajudar a formar?

Claro que não tenho as repostas, mas creio que Deus tem uma nova história para dar a cada um. Um novo tempo. Ele quer nos mostrar as estrelas do céu e nos guiar por um caminho que nos conduz para longe das tempestades de areia do deserto.

***

Conheço a história de um caminhoneiro que me comove bastante. Isso aconteceu em 2012, no norte do Paraná. Esse motorista carregava laranjas de São Paulo até o Rio Grande do Sul quando perdeu o controle do veículo, que caiu num barranco às margens da estrada. Ele ficou desaparecido por quatro dias até que seu pai, um idoso de quase oitenta anos, inconformado com a falta de notícias e sem nenhuma resposta das autoridades responsáveis pela patrulha das estradas, resolveu sair à procura de seu filho.

Ninguém sabia o que poderia ter acontecido. O filho poderia simplesmente ter mudado de rota, ou ter sido sequestrado à beira da estrada e levado para qualquer região do país, ou mesmo ter sido assassinado. O pai percorreu mil quilômetros. E, depois de tanto olhar para os acostamentos das estradas, identificou pedaços da carroceria que reconheceu ser do caminhão de seu filho. Parou, junto com um ajudante, à beira da estrada. Entrou no matagal e lá viu o caminhão destruído. Ele desceu até o local e, para sua surpresa e recompensa, encontrou o filho vivo. O caminhoneiro salvou-se chupando as laranjas que carregava.

Histórias como essa me fazem pensar até onde um pai pode ir por amor ao seu filho. Eu conheço outra história real. E essa diz respeito a você e a mim. Veja o que estas duas passagens bíblicas dizem:

> Deus tanto amou o mundo que deu o seu Filho Unigênito, para que todo o que nele crer não pereça, mas tenha a vida eterna. Pois Deus enviou o seu Filho ao mundo, não para condenar o mundo, mas para que este fosse salvo por meio dele.
>
> *João 3:16-17*

> Em amor nos predestinou para sermos adotados como filhos, por meio de Jesus Cristo, conforme o bom propósito da sua vontade, para o louvor da sua gloriosa graça, a qual nos deu gratuitamente no Amado. Nele temos a redenção por meio de seu sangue, o perdão dos pecados, de acordo com as riquezas da graça de Deus, a qual ele derramou sobre nós com toda a sabedoria e entendimento. E nos revelou o mistério da sua vontade, de acordo com o seu bom propósito que ele estabeleceu em Cristo.
>
> *Efésios 1:5-9*

Deus construiu uma ponte até nós. E ele não poupou energia. Não contabilizou o tamanho do investimento. Pagou um preço incalculável. Suportou o insuportável para conseguir um caminho até nosso coração.

A boa nova é saber que Deus entregou seu único Filho para que, através de Jesus, todos pudessem ter também um Pai. Dessa vez um Pai eterno e incorruptível. Um Pai que promete estar presente todos os dias e que garante que irá vasculhar nossos corações e nos compreender quando nem mesmo nós somos capazes disso.

Diante de tal amor, todo questionamento cessa. Por que Deus, sendo tão bom, permitiu que a mãe de meu amigo fosse violentada por diversos homens? Por que crianças se prostituem à beira do rio Madeira? Por que tanta violência? Olho para a cruz e silencio. Jesus Cristo, na cruz do Calvário, é a ponte que liga o homem a Deus.

O sinal de Deus está exposto ali. A resposta dos céus anula todos os pecados, violências, atrocidades, vergonhas, abusos e coisas horrorosas.

Foi por meio da cruz que a graça tornou-se acessível a todos os homens e mulheres. E a graça, como ensina a Bíblia, cobre uma multidão de pecados. Lava, purifica, restaura e limpa todas as manchas de sujeira que o pecado deixou. Essa é a chuva de Deus.

Podemos passar a vida mergulhados em dúvidas e em perguntas sem respostas, lamentando as nossas feridas, chorando as nossas dores. Ou podemos construir um novo tempo, uma nova história em Deus ao olharmos para Jesus Cristo.

CAPÍTULO 4

No deserto da dor

Como faço viagens frequentes por todo o Brasil, sempre encontro pessoas que, após um culto ou uma apresentação, procuram demonstrar sua afeição me oferecendo presentes, pequenos *souvenirs* ou saborosos quitutes. Após um desses cultos recebi de presente um livro. Achei interessante e guardei-o com carinho para ler em casa. Dias depois, resolvi folhear alguns capítulos e me assustei com o que li. Prefiro não citar o autor nem o título, mas o escritor afirmava categoricamente que, caso um crente ficasse doente, deveria repreender aquela enfermidade e ficar curado. Um cristão que não recebesse a cura ou mesmo que viesse a morrer devido àquela doença não poderia ser um crente fiel. Segundo esse autor, o problema seria uma evidente falta de fé. Não havia a necessária confiança da pessoa doente para alcançar a cura de Deus.

Fiquei muito incomodado com aquilo. Em crise mesmo. Aquele ensino não batia com o que tenho visto e ouvido na vida, com minha experiência pastoral. Conheço muitos servos de Deus que morreram em decorrência de alguma doença. Vi pessoas que doaram a vida em favor do evangelho. Soube de missionários que foram vítimas de malária ou de febre amarela. Quer dizer que esses irmãos não tiveram fé suficiente?

Há quem contabilize que, desde o primeiro século até os dias atuais, 40 milhões de cristãos foram martirizados por conta de sua fé em Cristo. O projeto deles falhou? Basta uma rápida busca na internet para encontrar uma infinidade de homens e mulheres de Deus, exemplos claros de abnegação e de fé, que sofreram doenças terríveis ou tiveram morte trágica.

Meu sentimento ao ler aquele livro oscilava entre a tristeza e a indignação. Lembrei-me do comércio de indulgências, tão comum na Igreja Romana durante a Idade Média. Na época era possível uma pessoa se livrar das consequências e penalidades de seu pecado mediante pagamentos em dinheiro. Era possível passar incólume de adultérios e até de homicídios se fossem depositadas quantias preestabelecidas nos cofres da Igreja.

Em pleno século XXI, vemos uma situação parecidíssima nas Igrejas evangélicas. Logo nós, os herdeiros da Reforma Protestante, que no século XVI rompeu com a Igreja Católica em resposta a práticas como a venda do perdão celestial. Agora temos garantidas as nossas bênçãos se contribuirmos para campanhas e adquirirmos um lenço ou uma toalha que supostamente garante a cura divina. Fico muito incomodado com esse tipo de argumento, porque vejo que se trata de uma grande mentira.

Quem me conhece sabe que sofro, já faz um bom tempo, com algumas hérnias de disco. É uma dor quase insuportável. Talvez você esteja pensando: “Poderia ser um câncer ou uma doença mais grave e agressiva." Sim, você está certo. Não há motivo para reclamações. Dou graças a Deus por ter minhas funções renais em perfeito estado e não precisar passar por sessões de hemodiálises diárias. Conheço pessoas nessa situação e sei que esse é realmente um problema muito maior que o meu.

Mas isso não significa que eu não sinta dores. E como sinto. São quase dez anos de sessões semanais de fisioterapia e ingestão regular de anti-inflamatórios e relaxantes musculares. Neste exato momento em que trabalho na publicação deste livro, sinto uma dor terrível. Mal consigo ficar sentado, menos ainda em pé. Busco ficar com os pés erguidos, com aparelhos que estimulem a região, mas não encontro nenhuma posição confortável. Sinto minha coluna repuxar, latejar, e o desconforto me impede até de realizar tarefas corriqueiras, como falar ao telefone ou conversar tranquilamente com um amigo.

Em 2005 gravei o CD *Abundante chuva*, que traz a canção "Sara-me", escrita quando tive minha primeira grande crise na coluna, em 2004. Cheguei a fazer um show em cadeira de rodas no final daquele ano. A dor intensa paralisou os movimentos do meu pé e da minha perna direita. Fiquei 15 dias sem poder andar, e a indicação médica era de intervenção cirúrgica. Estávamos nos aproximando da data da gravação do CD, que aconteceria na praia da Costa, em Vila Velha, no Espírito Santo, e eu sentindo todas aquelas dores.

Eu estava triste e um dia me arrastei até a varanda de casa. Eu gemia muito e meu filho Asafe ficou preocupado. Na época ele era bem pequeno, tinha uns quatro anos. Percebendo minha expressão, ele perguntou o que eu tinha. Expliquei o que estava sentindo, o quanto doía cada movimento. Ele então fechou os olhinhos e começou a orar por mim. Logo depois me disse para ficar tranquilo que aquilo ia passar. Achei aquela cena tão linda, tão comovente. Naquela mesma hora peguei o violão e comecei a cantar:

O mesmo Jesus que andou em Jerusalém,
O mesmo Jesus que andou pela Judeia,
O mesmo Jesus que andou em Jericó,
É o mesmo Jesus que está aqui agora.
É o mesmo Jesus que está aqui agora.

Sara-me, cura-me.
Basta uma palavra que saia do teu trono de amor.
Filho de Davi, tenha compaixão de mim,
Assim como Bartimeu, quero ser curado.

Jesus, quero ouvir tua voz:
"Toma teu leito e anda, a tua fé te salvou.
Toma teu leito e anda, a tua fé te salvou."

A canção fala sobre um dos episódios que considero mais bonitos nas Escrituras, narrado em Marcos 10:46-52. Bartimeu era um cego que esmolava na saída de Jericó, no caminho que ligava a cidade até Jerusalém, uma distância de 25 quilômetros. Alguns relatos contam que ele era filho de Timeu, um bem-sucedido general de Israel que fora perseguido pelos romanos, preso e crucificado. Alguns textos contam ainda que Bartimeu teve os olhos arrancados por soldados do Império Romano para evitar que ele, tal como o pai, liderasse revoltas contra o governo.

Uma história de injustiças, que o teria levado a se tornar um pedinte cego à beira de uma estrada empoeirada. Quando soube que era Jesus quem passava por ali, clamou até conseguir a atenção do Mestre. Os dois então travaram o seguinte diálogo:

> — O que você quer que eu lhe faça? — perguntou-lhe Jesus.
>
> O cego respondeu:
>
> — Mestre, eu quero ver!
>
> — Vá — disse Jesus —, a sua fé o curou.

Poucos dias após a oração de Asafe, Paula e eu descansávamos à tarde, deitados no chão, por causa da minha coluna. Despertei daquele breve sono com a firme convicção de que conseguiríamos viajar e gravar o CD. Deus literalmente me levantou. Recuperei o movimento do pé e da perna e não precisei passar pela cirurgia, cuja recuperação seria bem difícil e os resultados, incertos. Fomos primeiramente para Vitória, onde socorremos um casal que havia pedido nossa ajuda, e só depois seguimos para Vila Velha. Foram dias de ensaios, preparação e muita expectativa, até que chegou o dia 15 de janeiro, em que Deus nos colocou diante de 70 mil pessoas para a tão esperada gravação do CD.

As dores, entretanto, não foram embora. Algum tempo depois, eu estava num culto, em Vitória, também no Espírito Santo. Havia 10 mil pessoas reunidas e uma das canções daquela noite foi "Sara-me". Dias depois, uma moça me procurou para me contar algo acontecido naquele culto. Enquanto eu cantava e ministrava aquela canção, ela telefonou para a mãe, que sofria com hérnias de disco. Aquela senhora tinha uma cirurgia agendada para a semana seguinte e apresentava os mesmos sintomas que os meus. A filha lhe disse: "Mãe, ouve esta música. Fernandinho está cantando e sei que você será curada." E ergueu o celular para captar bem o som e a letra da canção enquanto sua mãe ouvia do outro lado da linha. Instantaneamente as dores daquela mulher sumiram. Ela foi ao médico e já não precisava mais de nenhum tratamento. Ela estava curada.

Eu havia feito aquela canção para mim. Era em mim que eu pensava. Na minha dor. Mas Deus curou um caso semelhante ao meu. Por quê?

Já em 2013, oito anos depois, enfrentei o mesmo problema. As mesmas dores. A mesma perna e o mesmo pé paralisados. A mesma expectativa de passar por uma cirurgia. Minha canção pode ter ajudado a curar outras pessoas, mas eu não fui curado através dela. E essa não foi a única experiência assim. Nem mesmo a mais dolorida de minha vida.

A dor da morte

Entre 2010 e 2011 moramos em Vitória. A mudança foi a solução encontrada para driblar os problemas de logística e conseguir atender aos compromissos nas igrejas, viajar pelo país e sofrer menos com os deslocamentos. Campos dos

Goytacazes, onde vivemos hoje, é uma cidade do interior, apesar de ter quase meio milhão de habitantes. Por aqui não temos facilidade com voos no aeroporto. As estradas costumam ser o caminho mais rápido para quem precisa sair do estado. Após relutarmos muito, decidimos morar numa cidade que nos oferecesse condições de deslocamento um pouco melhores, mas sem perder a característica de cidade tranquila. Optamos pela capital do Espírito Santo, que possui um número menor de habitantes e onde já possuíamos vínculos de amizade e contato com as igrejas. Seria uma alternativa a Campos.

Era um domingo, no final de outubro de 2010, e eu, Paula e as crianças almoçávamos num restaurante da capital capixaba. Foi quando recebi uma ligação de minha mãe. Ela é uma mulher forte, de oração e de fé, mas estava em prantos. Contou que minha irmã, Flávia, a Fafá, não estava bem. Havia sentido algumas dores e teve de ir ao hospital.

Eu estranhei a reação de minha mãe ao telefone, mas pensei comigo que não haveria de ser nada sério, que uma pessoa não se sentir bem e procurar um médico é algo natural. Ainda mais para minha irmã, que era chefe de enfermagem num hospital de Campos. Como profissional da saúde, ela estava capacitada para identificar algum sintoma estranho e procurar ajuda. Tratei de acalmar a minha mãe e disse que iria até lá assim que possível para me inteirar melhor do que estava acontecendo.

No outro dia, Paula telefonou para saber como estavam as coisas e conversou com uma médica amiga nossa, que acompanha nossa família há muitos anos. Paula pediu que ela sondasse o que estava acontecendo, já que havia um clima tenso e estranho no ar. Era como se pudéssemos pressentir o que viria. Depois de um tempo, nossa amiga retornou a ligação e contou para minha esposa o que tinha descoberto no hospital. As notícias eram ruins. Flávia estava com um tumor no pâncreas.

Paula quis me preservar e preferiu não me contar logo o que sabia. Decidiu viajar até Campos primeiro e assim o fez, quatro dias depois de termos recebido a ligação de minha mãe. Por causa de alguns compromissos, só viajei no dia seguinte. Na quinta-feira minha esposa chegou ao hospital e encontrou Flávia, minha mãe e meu irmão no quarto. O médico que a atendia havia acabado de contar a gravidade da situação; falou sobre o tumor, um câncer raro para uma mulher com a idade dela, apenas 34 anos, que não fumava nem ingeria bebidas alcoólicas. Flávia era uma mulher de Deus, casada, mãe de dois filhos pequenos e cheia de fé.

Mesmo diante do terrível diagnóstico, não nos abatemos. Acreditávamos que se tratasse de uma luta que poderia ser superada. Estávamos certos de que os tratamentos e toda oração seriam suficientes para uma recuperação. Ela era tão jovem e cheia de vida... Não seria uma doença que a derrubaria.

Mas o tempo foi desconstruindo nossa esperança. Desde o começo da luta de Flávia contra o câncer, passamos a nos revezar entre Vitória e Campos. No início de 2011, com as crianças de férias, ficamos direto em Campos, a fim de acompanhá-la melhor. Ela estava alegre, de bom humor. Celebrava a vida. Celebrava a fé em Jesus. Passamos a virada do ano em família, vivendo um dia de cada vez. Ao mesmo tempo, eu não me conformava de ver a situação dela, e a levamos a alguns médicos renomados, especialistas naquela doença, no Rio de Janeiro.

No consultório de um deles, após diversos exames, ele tocou os ombros da minha irmã e disse suavemente: "É, as coisas não estão nada bem, minha filha." Perguntamos se seria melhor buscar tratamento fora do país, talvez nos Estados Unidos, na Europa. Os médicos eram unânimes. Não adiantaria. Nem o mais experiente dos especialistas disse nada além de "A coisa está feia, filha".

Naquele momento senti minha esperança sendo sepultada. A estimativa de vida para uma pessoa que possui um tumor no pâncreas varia de seis meses a cinco anos, dependendo do estágio em que for diagnosticado. É um dos tumores malignos mais agressivos, e seu tratamento é muito difícil. A taxa de mortalidade de quem desenvolve esse tipo de doença é altíssimo, e já havíamos sido informados que, no caso de Flávia, era só questão de um pouco mais de tempo.

Mas, como cristãos, colocamos nossa fé em Deus e em sua Palavra. Eu orava. Nossa igreja orava. Irmãos, amigos e pastores próximos clamavam a Deus por misericórdia. Foi uma época em que eu e minha família recebemos muito carinho dos irmãos em Cristo. Aproveito aqui para agradecer uma vez mais a cada um. Sem esse apoio teria sido ainda mais difícil passar por aquele período.

Um dia um amigo querido me disse: "Fernandinho, você tem moral com Deus. Ele vai curar sua irmã." Aquilo me fez pensar. Será que eu tinha mesmo essa "moral" com o Senhor? Tenho vivido os últimos dez anos me dedicando ao ministério. Minha vida é no altar de Deus. Só que em momento algum eu teria a coragem de chegar diante do Criador dos céus e da terra para exigir alguma coisa. Sei que não tenho esse direito. Jamais daria ordens a ele ou chegaria a argumentar que, já que minhas canções têm abençoado tantas pessoas, isso me faria merecedor de alguma coisa a mais.

Tenho plena consciência de que sou apenas um instrumento, um canal para que a glória de Deus se manifeste. Nenhuma cura, conversão ou transformação de vida que ocorre como consequência de uma ministração musical ou de uma pregação vem de mim. É obra da graça de Deus. Minha oração sempre foi: "Deus, eu sei que o Senhor pode. Basta uma palavra sua e essa doença termina. Senhor, como Bartimeu, eu quero essa cura."

Numa noite de fevereiro, nos primeiros dias do mês, fui ao hospital ver minha irmã. Ela estava extremamente debilitada. Havia perdido muito peso. Seus olhos e sua pele estavam cobertos por um tom amarelado, e ela já não conseguia falar. Seu estado era de quase coma. Fui ao banheiro lavar as mãos e o rosto para poder ficar perto dela, dar-lhe um beijo e abraçá-la.

Já fazia algum tempo que eu não escrevia nenhuma canção. Isso acontece de vez em quando. Aquele era um momento não fértil para compor. Não sou movido por sentimentos nem mesmo sou inspirado pelo que vejo. Não é assim que crio minhas composições. Elas me são entregues por Deus em momentos inesperados. É preciso que Deus gere essas canções em mim, e elas brotam de uma hora para outra em qualquer lugar. Por esse motivo, estou sempre atento, com um bloquinho e uma caneta por perto; às vezes gravo no telefone as primeiras linhas de uma canção.

Naquela noite, no entanto, eu estava muito comovido. E, enquanto lavava minhas mãos, comecei a cantar:

Não me canso de andar,
Tantas portas já bati,
Tantos anos já sofri.
Não me canso de sonhar,
Se apenas eu tocar
Em sua vestes eu serei,
Serei curado, eu serei,
Serei curado.

Tudo é possível ao que crê,
Tudo é possível a Deus.
Tudo é possível ao que crê,
Tudo é possível a Deus.

Movo as montanhas,
Ressuscito os mortos,
Ando sobre as águas,
Acalmo as tempestades.
Tudo é possível ao que crê.
Tudo é possível ao que crê.

Foi uma experiência diferente de tudo o que já tinha experimentado. Fiquei extasiado, quase eufórico. Cantei primeiro para a Paula e nos emocionamos muito. Depois cheguei bem perto da Flávia, segurei suas mãos tão fragilizadas e sussurrei essa canção nos ouvidos dela. "Tudo é possível ao que crê. Tudo é possível!"

Ela estava sem reação nenhuma, mas ao me ouvir cantar, apertou firmemente minhas mãos. Meu coração disparou. A enfermeira que a acompanhava notou o movimento e lembrou que nos últimos dias ela não reagia a nenhum estímulo. Pensei: "Deus vai curar minha irmã, eu sei. Ele vai curar a Flávia." E durante os minutos em que cantava e orava, em que olhava nos olhos dela, fui invadido por uma torrente de sentimentos. Entre eles confiança e paz. Saí do quarto convicto de que o Senhor a curaria.

No dia seguinte, eu recebi a visita de um amigo, o pastor Ricardo Robortella, do Ministério Clamor pelas Nações, de Belo Horizonte, em Minas Gerais. Ele estava acompanhando nossa luta e veio para orar pela Flávia e por todos nós. Naquela ocasião, como disse, recebemos um carinho enorme de muitas pessoas, como o pastor Marco Antonio Peixoto, da Comunidade da Zona Sul, na cidade do Rio de Janeiro, e o pastor Gilmar Santos, marido da cantora Aline Barros, que, durante uma visita, cantaram conosco "Rompendo em fé", canção já então muito conhecida entre os evangélicos. Fafá estava numa cadeira de rodas, e nunca a vi cantar daquela maneira, tão feliz.

Cada vez que a minha fé é provada,
Tu me dás a chance de crescer um pouco mais.
[...]

Minhas provações não são maiores que o meu Deus
E não vão me impedir de caminhar.

Porém, aquele sentimento de convicção da cura foi mudando nos dias seguintes. No lugar dele fui invadido por paz e consolo inexplicáveis. Por mais que tentasse segurar o sentimento de confiança que havia tomado conta de mim poucos dias antes, era como se ele me escapasse entre os dedos. Minha irmã não iria resistir por muito mais tempo.

Ricardo, nosso amigo, foi ao hospital vê-la. Quando voltou, tentou me consolar. Mas eu já sabia o que estava acontecendo. Não havia desespero. Nem em mim, nem em meus pais e meus irmãos. Deus nos segurava em seus braços carinhosos. Apertava-nos contra seu peito. Ele sondava cada sentimento e colhia todas as nossas lágrimas.

Na mesma noite a médica me ligou. Disse para irmos ao hospital, porque muito provavelmente Flávia não sobreviveria até o amanhecer. Fomos para lá e nosso coração estava sendo preparado. Durante o caminho eu cantava "Tudo é possível": "Não me canso de sonhar. Se apenas eu tocar em suas vestes eu serei curado."

Ver uma pessoa à beira da morte é uma cena muito forte, difícil de ser encarada. A respiração fica lenta e cadenciada, num esforço dramático à procura de um fio de ar. O olhar é vazio. São tantos medos e dúvidas que se abatem sobre todos os presentes. Deixar para trás a vida, seus mistérios e suas belezas para seguir nas mãos de Jesus rumo a um caminho eterno pode até parecer confortável quando escrito, mas, na hora da morte, é só a presença de Cristo que nos sustenta, literalmente. Fomos sustentados por ele.

Mais uma vez, peguei as mãos de minha irmãzinha. Segurei suavemente, toquei a palma, o dorso de suas mãos. Acariciei seu rosto, beijei-a e lhe disse no ouvido: "Minha filha, não tenha medo de morrer. Mesmo que você esteja no vale da sombra da morte, não tenha medo nenhum. Jesus está ao seu lado. Ele é seu consolador. Ainda que ande nesse vale sombrio, não tema. Você não está sozinha aí."

Flávia, como da outra vez, apertou minha mão. Aquela noite passou e na manhã seguinte voltamos para vê-la. Em seguida, saímos para almoçar, e, quando terminávamos a refeição, meu irmão Fábio ligou: "Fernandinho, o Papai do Céu acabou de levar nossa irmã. Agora ela está com ele."

A canção que Deus me deu no hospital não saía da minha mente. "Ressuscito os mortos [...] Tudo é possível ao que crê." Lembrei da outra canção, "Sara-me", das curas que atingiram outras pessoas e não a mim. Lembrei também de "Formoso és", a minha primeira canção. Todas elas glorificavam a Deus. Eram canções de exaltação, não de lamento. De louvor, não de clamor.

Aquela composição não era para ela. Era para mim. Para nós, que ficamos com lágrimas nos olhos, o peito apertado de saudade e a dor estampada no rosto. Deus nos ensinava que seria possível vivermos com a ausência de minha irmã. Que seria possível aos meus pais suportarem essa dor. Que meus sobrinhos e meu cunhado poderiam continuar. Ele, o próprio Cristo, estaria cuidando de todos e consolando a cada um.

Esse é o nosso alimento. É isso que me fortalece e me sustenta. A beleza de Deus, sua força e sua majestade. Sua soberania. Ele governa e eu me rendo. Eu sei que ele continua no trono.

Não me faltou fé. Nunca duvidei um só instante de que bastaria uma única palavra vinda da boca de Deus para que tudo se transformasse. Mas eu me rendo à vontade dele. Da mesma forma não faltou fé aos nossos amigos, à nossa igreja, à nossa família. Meus pais são pessoas de oração. Cristãos firmes e íntegros, pregadores que amam a obra do Senhor. Minha irmã era fiel a Deus. Crescemos sob a Palavra de Cristo. Fomos forjados na Igreja do Senhor. Lá nos desenvolvemos. Como é possível alguém dizer, então, que uma enfermidade não curada, uma doença fatal é sinal de falta de fé?

Minha irmã não era perfeita, como nenhuma pessoa é. Contudo, ela sempre foi uma cristã dedicada. Dos quatro irmãos, era ela quem mais tinha afinidade com meus pais, um exemplo de filha boa e atenciosa. Flávia era querida por todos que a conheciam. No hospital onde ela ficou internada e onde também trabalhava, não houve uma só pessoa que não se comoveu. Do diretor até a recepcionista. Foi falta de fé? Não, definitivamente não foi.

***

A canção "Tudo é possível" entrou no CD *Teus sonhos*, lançado em 2012. Se eu pudesse escolher outro nome para ela, seria "Doze anos", já que foi inspirada no caso da mulher que tinha um fluxo de sangue:

> Uma mulher que havia doze anos vinha sofrendo de uma hemorragia, chegou por trás dele e tocou na borda do seu manto, pois dizia a si mesma: “Se eu tão somente tocar em seu manto, ficarei curada.”
>
> Voltando-se, Jesus a viu e disse: “Ânimo, filha, a sua fé a curou!” E desde aquele instante a mulher ficou curada.
>
> *Mateus 9:20-22*

***

Há algo que aprendi durante minha caminhada ministerial, um ensinamento que faz muita diferença em minha vida e que quero compartilhar aqui. Creio que tudo o que Jesus conquistou na cruz, de fato, é direito nosso. Acredito que realmente ele levou sobre si nossas enfermidades e que o castigo que nos traz a paz estava sobre ele. Porém, em tudo, seja feita a vontade de Deus. Ele sabe a hora certa de nos curar. Ele conhece o tempo. Sabe todas as coisas.

Recebo muitos testemunhos por cartas, e-mails ou mesmo em relatos de pessoas que contam como Deus as alcançou por meio das canções que ministro. Pessoas que foram ressuscitadas nos hospitais, que estavam internadas em unidades de terapia intensiva, em coma, sem nenhuma expectativa de cura. Gente salva e restaurada. São muitos os casos. Não tenho autoridade para falar sobre a maneira como Deus cura as pessoas, pois sou leigo no assunto. Não sou um pesquisador ou um desses pastores com mãos que curam.

Eu simplesmente me silencio diante do Senhor. Se ele quiser, pode curar a minha dor. Preciso e peço a compaixão dele.

E procuro os médicos também. Há homens que foram levantados por Deus, por meio da medicina, e que ajudam muitas pessoas. Nesse mesmo momento estou agendando um médico em São Paulo para tratar as dores em minha coluna. É um recurso, mas se não for a mão do Senhor, nada adiantará.

Tenho profundo respeito pelas pessoas que têm a ousadia de abrir mão de todo recurso da medicina. Muitas afirmam que mergulharam em oração e jejum e assim alcançaram a vitória. Eu as respeito, mas entendo que essa experiência não deve se tornar uma doutrina para os demais. Como falei, há médicos que são homens ungidos. Existem muitos cirurgiões que, antes de usarem o bisturi em um paciente para uma operação, levantam as mãos aos céus e as consagram a Deus. Mesmo médicos descrentes podem ser instrumentos nas mãos do soberano Senhor. Não posso dizer que Deus não opera na medicina. Da mesma forma, não afirmo que ele opere só por meio dos médicos. O que sei bem é que ele é soberano sobre todas as coisas. Ele é quem decide.

Minha oração é uma forma de me apresentar com humildade diante de Deus. Ele é o Senhor, o Médico dos médicos, e é o mesmo que curou o cego Bartimeu e estancou o fluxo de sangue que marginalizava aquela mulher havia 12 longos anos.

Tenho também a convicção de que o mesmo Jesus que andava nos caminhos empoeirados de Jericó a Jerusalém está comigo no púlpito ou no palco. Tenho absoluta certeza de que, quando estou cantando ou ministrando a Palavra, estou na companhia do mesmo Deus que assoprava a chama de avivamento quando o pregador batista inglês Charles Spurgeon, no século XIX, dizia seus sermões, pelos quais foi considerado "o príncipe dos pregadores". Quem está comigo é o mesmo Cristo que inflamou o coração do ministro anglicano John Wesley, que foi quem deu início ao movimento metodista; quem me acompanha é o mesmo Senhor que levou os reformadores João Calvino e Martinho Lutero a promoverem uma grande revolução na Igreja, a Reforma Protestante, que até hoje, quase seiscentos anos depois, ainda gera frutos. É o mesmo poder, a mesma unção. Deus está aqui, e é ele quem faz o milagre.

Durante o drama que envolveu a doença de minha irmã, estávamos nos preparando para a gravação do CD *Sou feliz*, lançado em 2011 mesmo, apenas dois meses após o falecimento de Flávia. É um CD com hinos clássicos e todas as faixas são especialíssimas, pela história que cada uma representa e pelas lembranças que elas resgatam, como os cultos durante a infância. Porém, a canção que dá título ao trabalho foi composta em meio a uma história de dor, consolo e reconhecimento da soberania de Deus sobre todas as coisas.

"Sou feliz" foi escrita no final de 1873, pelo advogado norte-americano Horatio Gates Spafford Junior. Dois anos antes um terrível incêndio atingiu toda a cidade de Chicago e destruiu a maior parte dos bens do advogado. Ele havia investido boa parte de seus recursos no mercado imobiliário e viu suas economias queimarem na maior tragédia vivida pela cidade norte-americana. Dois anos depois, ele ainda tentava se recuperar dos prejuízos e dedicava parte do tempo à reconstrução da cidade e ao apoio aos desabrigados. Nessa época, ele decidiu viajar com a família para a Inglaterra. Devido a compromissos de última hora, ele embarcou as quatro filhas e a esposa no vapor Ville Du Havre, em 22 de novembro de 1873, e decidiu que seguiria no próximo navio. Na madrugada daquele dia o Ville Du Havre chocou-se com outra embarcação e afundou, matando 226 pessoas. Entre os mortos estavam as quatro filhas do advogado cristão. Apenas noventa pessoas sobreviveram à tragédia, e a esposa de Spafford foi uma delas.

Horatio tomou o primeiro navio rumo a Inglaterra e, quando estava no meio do mar, foi informado sobre o local do acidente com o vapor que levava sua família. Nesse momento ele teria escrito a letra de "Is Well With My Soul" (Tudo bem com minha alma), que foi traduzida como "Sou feliz" no Brasil:

Se paz a mais doce me deres gozar,
Se dor a mais forte sofrer,
Oh! Seja o que for,
Tu me fazes saber que feliz com Jesus

Sou feliz com Jesus,
Sou feliz com Jesus, meu Senhor!

Embora me assalte o cruel Satanás
E ataque com vis tentações;
Oh! certo eu estou, apesar de aflições,
Que feliz eu serei com Jesus!

Meu triste pecado por meu Salvador
Foi pago de um modo cabal;
Valeu-me o Senhor, oh! mercê sem igual!
Sou feliz! Graças dou a Jesus!

A vinda eu anseio do meu Salvador,
Em breve virá me levar
Ao céu onde vou para sempre morar
Com os remidos na luz do Senhor.

O CD *Sou feliz* foi regado por lágrimas, devido à dor que eu vivia pela morte de minha irmã, mas foi feito com muita sinceridade, com muita emoção.

Deus não é um mágico

Em nossa casa temos o hábito de nos reunir para buscar a Deus, ler a Bíblia, cantar louvores e conversar sobre o Reino. Paula, nossos filhos e eu consideramos esse um momento muito importante para nossa família. É uma prática que aconselho a todos, afinal, o Senhor é o nosso socorro e nossa fortaleza, sempre presente em tempos de angústia, e estar em contato constante com ele fortalece a nossa fé e também os laços familiares.

Numa dessas ocasiões, vi que nossa filha de seis anos, a Mariah, estava um pouco distraída. Perguntei:

— Filha, por que nós devemos buscar ao Senhor?

E ela respondeu prontamente:

— Porque ele tem magia, pai!

Todos na sala rimos bastante do raciocínio dela. Eu imaginava que ela fosse dizer "porque ele tem poder", ou "porque ele nos ama", "porque é bom", enfim, tantas coisas. Mas para ela, naquele momento, o que mais a cativava era a capacidade de Deus de trazer à existência coisas que não existiam antes. De transformar sobrenaturalmente as situações.

Refletindo um pouco mais, cheguei à conclusão de que isso é também o que mais cativa os crentes adultos de hoje. A expectativa da maioria é que Deus resolva todos os dramas, ansiedades e medos com o mover de sua varinha mágica celestial. Para muitos, Deus tem uma grande cartola de onde tirará, como se fossem coelhos, empregos, saúde, afetos e tudo mais que torne a vida mais confortável, sempre no tempo de cada um, claro.

Esse é o deus anunciado em parte das igrejas. Um deus enlatado, que pode ser adquirido rapidamente como um almoço nessas redes de *fast-food*. Esse deus pregado por aí tem poções mágicas para qualquer tipo de enfermidade. Desenrola, desamarra qualquer aflição financeira e garante vida vitoriosa a qualquer um. Pouco se fala sobre o Reino de Deus, que é, segundo o texto de Romanos 14:17, "justiça, paz e alegria no Espírito Santo". O Reino de Deus não é um faz de conta de super-heróis. Alcançá-lo implica também em renúncia. Não se trata de vender um amuleto chamado Deus, e sim de seguir uma vida tal como fez Jesus. Temos nele o exemplo de amor, de paixão pelas almas, de doação ao evangelho e de entrega.

O inimigo de nossas almas, claro, não almeja isso de nós. E é surpreendente o que acontece conosco enquanto pisamos as areias da dor. Nossa alma parece uma esponja, que vai absorvendo tudo o que nos é apresentado. E, de forma consciente ou mesmo sem perceber, somos vítimas das armadilhas do inimigo. Ele cava buracos no deserto. Aproveita a areia fofa, o solo instável, para construir alçapões no meio de nossa caminhada. E, enquanto andamos distraídos, caímos nessas ciladas.

Uma das armadilhas mais comuns é aquela que tenta nos tirar o foco. O diabo planeja nos confundir, afirmando que não somos aquilo que pensamos que somos, que não pertencemos ao Senhor. Precisamos ter sempre em mente que nosso inimigo é também conhecido por ser o pai da mentira. Seu truque é transformar tudo num jogo de ilusão, num espetáculo de cartas. Se meus olhos se fixam no que o diabo fez e no que ele plantou no meu coração, acabo por escancarar uma porta por onde entram angústias, medos e dores. Porém, se as palavras dos meus lábios e o meditar do meu coração forem agradáveis ao Senhor, então os portais do céu se abrem diante de mim.

É uma questão de escolha: ou olho para as ofertas do diabo ou olho para o sacrifício da cruz de Cristo. Ou fico me lamentando por ser uma vítima, um coitado, um sofredor, um doente, um aflito, ou miro meus olhos no Salvador do mundo.

Satanás quer que carreguemos um dos dois perfis: o de vítima ou o de vilão. Qualquer um dos dois tem o potencial para deixar nossa alma pesada, nosso espírito cansado e nossa vida sem alegria. Não somos nem uma coisa nem outra, pois, com a morte de Cristo na cruz, fomos perdoados e redimidos para sempre. Tudo de que precisamos em nossa peregrinação aqui é deixar o Senhor sondar nosso coração.

Penso em Davi escrevendo os últimos versículos do salmo 139, clamando: "Sonda-me, ó Deus, e conhece meu coração, prova-me e conhece os meus pensamentos; vê se há em mim algum caminho mau e guia-me pelo caminho eterno" (ARA). É como se ele dissesse: "Senhor, olha meu coração. Vê o que tem aí dentro porque eu mesmo nem tenho coragem de olhar. Há tanta coisa que escondi. Lágrimas que não chorei. Palavras entaladas. Vê se há alguma coisa que ainda preste aí dentro do meu peito." Creio que temos de ter a mesma sinceridade e abrir nosso coração ao Senhor. Podemos dizer-lhe quanto estamos temerosos diante da dor, falar dos nossos anseios e rancores a respeito do sofrimento causado pelo deserto. Ele é o Consolador e devemos confiar nossas expectativas a ele.

É certo que Deus já nos respondeu acerca da aflição que sentimos. A resposta dos céus não poderia ser mais explícita, mais altissonante. Ela rasgou os céus num grito de dor e com isso conquistou na cruz a nossa vitória. É o que vemos registrado na Bíblia, nas palavras de Paulo: "Aquele que nem mesmo a seu próprio Filho poupou, antes o entregou por todos nós, como nos não dará também com ele todas as coisas?" (Romanos 8:32).

Jesus crucificado é a prova incontestável do amor de Deus. É na cruz de Cristo que ele acolhe os que não se sentem amados, traz justiça aos injustiçados, perdão aos pecadores, alívio aos que sofrem dores e alegria aos aflitos de alma. Nós gostamos de magia e talvez esperássemos uma resposta instantânea e fantástica. Porém, Deus não é um mágico. Cristo é a nossa resposta e a nossa esperança. Ele é a chuva de que precisamos quando atravessamos os desertos inóspitos da dor e da incerteza. Basta que olhemos para a cruz.

CAPÍTULO 5

De casa para as nações

Acredito que o maior avivamento começa no ambiente doméstico e não diante de multidões. O pulsar do coração de Deus é sentido primeiramente pelo ministro quando está ao lado de sua família. Se der certo em casa, também dará certo na igreja. Se der certo na igreja, dará certo também nas nações. Esse é um princípio que temos procurado viver em família e repassar ao corpo de Cristo, sua Igreja.

Os palcos, as luzes e a fama podem transmitir a falsa ilusão de que o sucesso, o dinheiro e o reconhecimento nacional e internacional são provas cabais da bênção de Deus sobre minha vida. Não, minha história não é compreendida a partir dos shows. O Fernandinho não é apenas aquele visto nos cultos ou mesmo em programas de televisão. Eu sou formado em outro ambiente: o meu lar. Minha família, sim, é o termômetro que indica se estou ou não no caminho certo. Não são as vendas dos CDs e DVDs, nem mesmo o número de shows realizados durante o ano.

Essa valiosa lição aprendo com amigos e grandes homens de Deus, pessoas que me ensinaram que o estrelato não é nada. O que vale mesmo é ter um bom nome entre os seus e, principalmente, diante de Deus. Antes de ser aplaudido pelas multidões, é preciso ser amado e querido pelos de sua casa. Não desejo que olhem para minha vida, que façam uma biografia sobre mim ou mesmo que cantem minhas canções se eu não tiver êxito com a minha família, com a minha esposa.

Pode parecer um discurso piegas para muitos, mas insisto: não quero ser reconhecido como um cantor de sucesso ou como um ministro relevante se não for um bom marido, se não cumprir o voto de honrar minha mulher até a morte. Isso também pode soar ultrapassado para os tempos atuais, em que as pessoas optam pela separação com muita facilidade. Em 2012, por exemplo, só aqui no Brasil, cerca de 350 mil casamentos foram desfeitos. Para piorar, vemos os cristãos seguindo o mesmo caminho dos que não creem em Jesus. Não são raros os casos de pastores e ministros de louvor que se descasam, nem os escândalos de casos extraconjugais envolvendo levitas e líderes eclesiásticos, pessoas que foram chamadas por Cristo para serem luz do mundo.

Minha história com Paula começou quando ainda éramos adolescentes. Muitos outros cristãos que frequentam igrejas pelo país afora talvez tenham a mesma experiência. Éramos do mesmo grupo de amigos, todos jovens. Frequentávamos, naquela época, a Igreja Batista da Coroa, em Campos, que então era uma congregação de tamanho médio, com um bom número de membros, porém menor que nossa atual comunidade, a Segunda Igreja Batista de Campos.

A Igreja Batista da Coroa fica num bairro muito mais tranquilo. Lá todos moravam por perto, nas ruas vizinhas. Eram conhecidos, grupos de amigos que se encontravam pelas esquinas, no mercado, na padaria ou no açougue.

Aos 16 anos Paula já se destacava por sua linda e afinada voz. E, da mesma forma que os músicos fazem sucesso com as meninas, as meninas que cantam também magnetizam os olhares dos rapazes. Eu me encantei por Paula, pela sua voz doce, por sua delicadeza e sua educação, pela atitude, pela fé que ela demonstrava e, claro, por seus cabelos cacheados.

Nossa vida girava em torno do louvor. Eu era baterista, mas logo surgiu a oportunidade de participar do coral da igreja e também do vocal. A primeira vez que eu e Paula cantamos juntos foi numa peça de teatro organizada por uma amiga em comum, que precisava de um quarteto para a apresentação. Ela escolheu dois meninos e duas meninas para formar o grupo musical. Lá percebi que combinava bem com Paula. Tempos depois formamos uma banda, em que eu me dividia um pouco no vocal e muito mais na bateria, e ela ministrava e cantava.

Todos os meses os jovens de nossa igreja se reuniam num clube da cidade, que ficava no bairro Parque Corrientes. Era um ambiente espaçoso, com área para confraternização e algumas quadras de futebol que alugávamos. Foi num desses encontros que tomei coragem e me declarei para Paula. Para minha sorte, o sentimento que eu tinha por ela era recíproco. Ela também estava gostando de mim e começamos então nosso namoro. Ela tinha 16 anos e eu, 15. Uma diferença de idade bem pequena, de sete meses, mas que ainda hoje rende boas brincadeiras com ela.

Se eu fosse escolher uma única característica da minha história com Paula, diria que tudo em nossa vida começou dentro de nossa igreja local. Foi do serviço a Deus na Igreja que vieram o ministério, o namoro e as amizades. É impossível olhar para trás e não perceber a vida eclesiástica gravada em nosso DNA. Com nosso relacionamento não seria diferente. A amizade, o namoro, o noivado, o casamento, e, por fim, o ministério e a família, tudo teve início dentro da nossa igreja, enquanto servíamos e buscávamos o Senhor em primeiro lugar — o que fazemos até hoje.

Na nossa juventude, a Paula era a líder de louvor e se colocava diante da igreja para ministrar. A liderança sempre foi uma característica forte na minha esposa. Ela coordenava também o grupo de adolescentes. Eu era músico e às vezes ajudava também no vocal. Ela era a melodia e eu a música. E isso já me deixava muito feliz.

Nessa época, meu interesse estava mais voltado para o som dos instrumentos, a parte técnica e todo o processo de sonorização. A bateria e a guitarra me arrancavam suspiros, e minhas referências eram os grandes instrumentistas. Era para eles que eu olhava com admiração durante os congressos e as conferências de louvor que costumávamos frequentar. Acompanhávamos os encontros nacionais de ministros de louvor e eu sempre prestava mais atenção nos músicos e em seus instrumentos do que nos cantores.

Desde o início do nosso namoro eu sabia que era com ela que queria passar todos os meus dias. Nossos planos estavam sempre traçados nesse sentido. Não tínhamos pressa. Deixamos as coisas amadurecerem e nos preparamos. Dividir minha vida com Paula foi uma bênção que Deus me permitiu desfrutar.

Paula estudou serviço social e eu cursei o seminário teológico batista de nossa cidade. Quando o tempo permitia eu ia buscá-la na faculdade com a minha bicicleta azul. Até que, em dezembro de 1997, nos casamos numa cerimônia muito bonita, que reuniu um número enorme de convidados. Não poderia ser diferente, já que tanto a minha família quanto a dela eram extremamente presentes e envolvidas na igreja. Nossa vivência com os irmãos transcendia nossa comunidade local, que nessa época já era a Segunda Igreja Batista de Campos, uma igreja muito grande, a maior da cidade.

Acordos inegociáveis

No início do casamento experimentamos os primeiros pequenos conflitos, o que é normal em períodos de adaptação. Apesar de termos namorado por um bom período, a convivência sob o mesmo teto trouxe questões que tivemos de afinar. Para Paula era estranho também. Ela se relacionava com os pais de um jeito diferente do meu, pois teve um criação diferente da minha.

Em alguns momentos, vivemos situações de discordância, o que é comum acontecer aos casais recém-casados, mas que, para nós, serviram como oportunidade de aprendermos uma valiosa lição de Deus. Como já ministrávamos na igreja e em vários eventos, assumimos um compromisso: nunca subiríamos ao púlpito para ministrar sobre reconciliação, sobre o amor conjugal se nós mesmos não experimentássemos do discurso. Esse é um acordo inegociável entre nós até hoje.

Não podemos ministrar se estivermos brigados, não importa o tamanho do compromisso. Pode ser uma apresentação para dez pessoas ou para um público de 100 mil. Se alguma desavença entre nós não estiver resolvida, nada feito. Ou somos obedientes à Palavra do nosso Senhor ou optamos por nosso orgulho e ficamos longe do amor dele. É a Bíblia que nos ensina: "Apaziguem a sua ira antes que o sol se ponha" (Efésios 4:26).

Seríamos hipócritas se fizéssemos de outro modo. O que vivemos no dia a dia é o que tentamos ensinar à igreja. Entendo que não podemos administrar as pressões do ministério se não formos capazes de contornar os dilemas domésticos. Isso não quer dizer que eu e Paula pensemos igualmente em todas as questões, que não tenhamos nossas dissonâncias. Sim, obviamente as temos, porém, tal como na música, precisamos transformar as tensões em soluções harmoniosas.

De nada adianta representarmos diante da igreja o papel de uma família feliz, o de um ministro cheio da unção de Deus, se em nossa casa vivermos o caos. Diante do povo de Deus pregamos o céu, o paraíso e suas promessas; em casa vivemos o inferno na relação conjugal. Não deve ser assim. Nada disso brotou repentinamente da minha cabeça. É a Bíblia que afirma a respeito do bispo e que se aplica a quem quer que queira exercer um ministério eclesiástico: "Ele deve governar bem sua própria família, tendo os filhos sujeitos a ele, com toda a dignidade. Pois, se alguém não sabe governar sua própria família, como poderá cuidar da igreja de Deus?" (1Timóteo 3:4-5).

Um grande erro que um homem ou uma mulher pode cometer é acreditar que Deus lhe deu uma missão maior do que a de se dedicar a sua família. Não creio que o plano divino da salvação, de resgate de milhares de almas, de transformação de vidas passe à margem dos familiares do pregador ou do obreiro, levando-o a deixar sua esposa e filhos perdidos na estrada.

Posso garantir que jamais poderia visitar tantas cidades e tantos países, tendo diante de mim multidões de pessoas cujos corações anseiam por uma palavra de Deus, se fosse um fracasso dentro de minha casa. De que maneira eu, como ministro do Senhor, como um profeta, poderia falar a respeito de algo que não vivo? Ai de mim de fazer do santuário do Senhor um espaço para exibição pública, com palavras vazias e sem compromisso com o Reino de Deus.

Certa vez, ouvi do pastor norte-americano Paul Washer uma ilustração que me impactou muito. Ele, que foi missionário no Peru por muito tempo, costumava contar o caso de um jovem que se viu diante de um dilema desesperador durante uma viagem em que cruzava o oceano na companhia da esposa e do filho. Quando já estavam em alto-mar, a embarcação começou a afundar. O filho e a mulher não sabiam nadar e não havia coletes nem botes salva-vidas disponíveis. A morte estava ali, certeira, pronta a atacar. E mesmo sendo o náufrago um exímio nadador, ele só poderia carregar um dos dois junto a si, ou morreriam os três no mar. Não havia alternativa. O tempo se esgotava e ele precisava escolher entre estender as mãos na escuridão do oceano, em direção a sua esposa, ou lançar-se na direção de seu pequeno e assustado filho. O que ele poderia fazer? Ele salvou a esposa.

Deus nos livre de tamanha angústia. Sem dúvida, seria uma escolha dificílima. Segundo o pastor Paul Washer, a decisão do rapaz foi acertada, pois a esposa é uma só carne com o seu marido. Ele não teria outra opção mesmo. Essa posição contraria os valores da sociedade atual, na qual se privilegia a relação com os filhos e se negligencia o cuidado com o cônjuge. Se essa fosse uma história real e aparecesse nos noticiários, o homem certamente seria julgado como um pai inconsequente, um homem desprezível. Mas, segundo as Escrituras, isso é uma inversão de valores. A Bíblia ensina que a mulher deve ser a pessoa mais importante para o marido e, da mesma forma, o marido deve ser o mais importante para sua mulher.

O que ocorre com frequência hoje é que as necessidades emocionais, que deveriam ser supridas pelo cônjuge, não o são. Então os pais buscam suporte emocional nos filhos. O problema é que os filhos não foram feitos para isso. Eles não devem servir como compensação para um relacionamento frio e desinteressado. Os filhos são a coroação do amor conjugal. Se o marido amar a esposa mais do que tudo e vice-versa, os filhos se sentirão mais confiantes. Eles terão segurança de que os pais se amam de todo o coração e saberão que o lar é um local de paz, harmonia e segurança. Com isso, esse modelo será reproduzido nas futuras gerações da família.

Em Efésios 5:31, lemos: "O homem deixará pai e mãe e se unirá à sua mulher, e os dois se tornarão uma só carne."

Concordo que entender um casal como "uma só carne" não é uma tarefa das mais simples. Sendo pessoas diferentes, com formações e construções singulares, como podem ser uma só? Gosto de usar como exemplo nossos pensamentos e os desejos do nosso físico. Somos um só corpo, porém, mesmo sabendo que temos de levantar pela manhã para trabalhar, nosso físico prefere o calor confortante das cobertas. O paladar pede mais e mais o sabor, mas o cérebro indica que estamos saciados. As pernas às vezes doem, mas o exercício é fundamental para uma vida saudável. Todas essas tensões acontecem dentro do mesmo corpo, da mesma pessoa. É assim que entendo a relação entre marido e mulher. Uma só carne. Um único caminho.

Conforme as diferenças começam a ficar evidentes, muitos casais pensam em regredir. Como se estivessem num deserto, as pessoas se lembram de como antes tudo parecia melhor e mais fácil. Sentem saudades da casa de seus pais, do período de adolescência marcado pela falta de compromissos e, com isso, passam a enxergar a bênção de Deus como um problema. A união, que era o sonho do casal, vira um pesadelo que só pode ser resolvido pela dissolução do matrimônio. Mas isso é um engano. A chuva que traz o refrigério vem com a perseverança.

Eu e Paula temos outro acordo: avançar sempre. Um em favor do outro, um privilegiando o outro. Nenhuma divergência tem o poder de nos deter, pois entendemos que elas são menores que a nossa história, que o nosso amor. Nosso alvo está adiante de nós e por isso precisamos prosseguir. Esse é o caminho que Deus nos apontou, e para o bem do nosso casamento, dos nossos filhos e da nossa casa, é por ele que andamos.

***

Um dos desertos mais áridos: a crise conjugal

Existe uma passagem bíblica muito incômoda para os dias atuais. Veja o que ela diz:

> Mulheres, sujeite-se cada uma a seu marido, como ao Senhor, pois o marido é o cabeça da mulher, como também Cristo é o cabeça da igreja, que é o seu corpo, do qual ele é o Salvador. Assim como a igreja está sujeita a Cristo, também as mulheres estejam em tudo sujeitas a seus maridos. Maridos, ame cada um a sua mulher, assim como Cristo amou a igreja e entregou-se por ela para santificá-la, tendo-a purificado pelo lavar da água mediante a palavra, e para apresentá-la a si mesmo como igreja gloriosa, sem mancha nem ruga ou coisa semelhante, mas santa e inculpável. Da mesma forma, os maridos devem amar cada um a sua mulher como a seu próprio corpo. Quem ama sua mulher, ama a si mesmo. Além do mais, ninguém jamais odiou o seu próprio corpo, antes o alimenta e dele cuida, como também Cristo faz com a igreja, pois somos membros do seu corpo. "Por essa razão, o homem deixará pai e mãe e se unirá à sua mulher, e os dois se tornarão uma só carne." Este é um mistério profundo; refiro-me, porém, a

Cristo e à igreja. Portanto, cada um de vocês também ame a sua mulher como a si mesmo, e a mulher trate o marido com todo o respeito.

Efésios 5:22-33

Falar em submissão feminina em pleno século XXI, sem dúvida, é uma tarefa espinhosa. Hoje em dia cada vez mais mulheres são chefes de família, o que significa que elas são as responsáveis financeiras pela casa e que tomam decisões baseadas unicamente em si mesmas, no que entendem ser o melhor. Porém, o que tenho visto e aprendido de Deus é que os casais felizes são os que cumprem bem seus papéis, seguindo a orientação estabelecida na Palavra de Deus.

A mulher que segue o que a Bíblia diz não vira uma empregada doméstica do marido. Submeter-se a ele não é o mesmo que se anular, não significa deixar para trás sonhos, projetos e pensamentos em favor dos planos do marido. Submissão é reconhecer o princípio de autoridade e liderança dada por Deus ao marido; por isso, a mulher que compete com o esposo pela liderança do lar não está agindo da forma mais inteligente. Não há proteção, confiança, admiração e respeito na rebeldia e na insubmissão.

A mulher que age segundo a orientação bíblica vive protegida, em paz e em segurança. Mais uma vez, temos de escolher: ou somos obedientes ou somos orgulhosos.

A situação não é diferente para o homem diante de um mandamento tão eloquente: ame sua esposa. Conheço muitas histórias de maridos que tentam justificar a falência do casamento dizendo coisas como: "Pastor, você não conhece meu caso. Minha esposa não me ajuda. Ela não quer ir para a igreja", ou "Minha esposa parou no tempo, não evoluiu". Dessa maneira, alguns homens, ávidos por seguirem adiante com seus sonhos e projetos, deixam para trás, feridas, suas esposas. Vivem sem nenhum compromisso com o próprio lar.

Há ainda aqueles que continuam casados, mas lamentam-se pela sorte. Vivem apagados, sem alegria. Olham com descaso para as mulheres com quem juraram viver e a quem prometeram fazer felizes. São homens amargurados, que vivem presos, olhando para um passado que não existe mais.

Creio que um dos desertos mais difíceis de se atravessar é o da relação conjugal comprometida. Um puxa para um lado enquanto o outro quer ir em direção contrária. E, como disse Jesus: "Todo reino dividido contra si mesmo será arruinado, e toda cidade ou casa dividida contra si mesma não subsistirá" (Mateus 12:25).

Mas a boa notícia é que Deus pode renovar a história de qualquer casamento. O que foi perdido pode ser recuperado. Basta crer nisso e olhar para a frente. A tempestade de vento e areia pode cegar nossos olhos. O sol forte castiga a travessia. Mas, Deus está ali. Ele não nos desampara. Se o seu casamento está em crise, saiba que o Senhor tem um encontro marcado com você em meio a esse deserto e que é apenas uma questão de tempo e de perseverança para que a chuva dele desça sobre a terra seca.

Terceira dobra

Tornou-se popular na internet, principalmente nas redes sociais, a ilustração do casal de idosos, ambos com cerca de noventa anos de idade, que reuniu a família para comemorar 65 anos de união. A numerosa nova geração de filhos, netos e bisnetos, curiosa com a longa história de carinho e de cumplicidade, pergunta aos anciãos: "Como vocês conseguiram viver tanto tempo juntos, já que hoje em dia os casais raramente completam uma década juntos?" Os dois se entreolham, a esposa assente e o idoso explica: "Filhos, somos de um tempo diferente. Na nossa época, quando alguma coisa estragava, nós mandávamos consertar. Nada era desperdiçado."

A ilustração é de fato muito boa. Atualmente os casais entram no casamento com a seguinte mentalidade: "Se não der certo, a gente separa. Pronto." O compromisso é com o bem-estar pessoal, com os momentos prazerosos. Não existe um pacto entre o casal para que conduzam a vida a dois diante do Senhor. Os casamentos atuais, em grande parte, são pensados como verdadeiros negócios. As cifras importam mais que o coração contrito. Acordos pré-nupciais, elaborados por advogados especializados no assunto, já contemplam a possibilidade do fim da união e tratam de evitar o máximo de prejuízo financeiro possível.

Do ponto de vista de Deus, entretanto, o casamento é uma aliança. E aliança exige sacrifícios. Isso é o que nos ensina a história do patriarca hebreu Abraão. Já velho, ele teve uma visão em que ouviu de Deus que seria "pai de muitas nações".

Um pacto foi acordado entre Deus e Abraão. E Abraão sacrificou a Deus, entregando uma novilha, uma cabra e um carneiro, além de uma rolinha e um pombinho (ver Gênesis 15:9). Porém, uma aliança exige um preço ainda maior: a confiança.

A história é conhecida. Isaque, o filho da promessa, nasceu da união de Abraão e Sara. Ele daria início a uma multidão tão incontável como as estrelas nos céus. Porém um dia Deus fez um pedido aterrorizante ao patriarca. Pediu-lhe que sacrificasse num altar o garoto Isaque. De todas as certezas de Abraão, uma era inabalável: ele e Deus tinham um pacto. Foi assim que subiu com seu filho até o monte Moriá para sacrificá-lo em holocausto. Chegando lá, o garoto perguntou: "As brasas e a lenha estão aqui, mas onde está o cordeiro para o holocausto?" Fico imaginando como estava o coração de Abraão quando deu esta resposta: "Deus mesmo há de prover o cordeiro para o holocausto, meu filho." E foi o que aconteceu. No último momento, Deus mandou seu anjo para impedir o sacrifício e lhe proveu uma saída.

No casamento é preciso, além do sacrifício, boas doses de confiança. E o esforço deve vir de ambos os lados. Não podemos nos esquecer do sacrifício do próprio Deus, que entregou seu Filho, o Cordeiro Santo, em nosso favor. É por essa razão que o casamento representa tão bem a relação da Igreja com Deus. É uma aliança muito significativa que deve ser levada a sério.

A manutenção do casamento depende de sacrifícios cotidianos feitos pelo casal. É preciso haver fidelidade nessa aliança, além do compromisso de que ambos os cônjuges farão de tudo para seguir adiante no pacto estabelecido diante de Deus. Isso, sem dúvida, exige boa dose de renúncia. O termo hebraico para aliança é “berith”, que pode ser traduzido por “parceria”. Um casal precisa carregar no coração o conceito de que Deus uniu os cônjuge numa parceria. Um deve agir pelo outro, resguardar e honrar o outro, como a Bíblia bem ensina.

O rei Salomão nos deixou um lembrete que costuma ilustrar muitos convites de casamento por aí. Com certeza um deles já passou pelas suas mãos; porém, mais do que palavras bonitas, o registro é um fundamento precioso:

> É melhor ter companhia do que estar sozinho, porque maior é a recompensa do trabalho de duas pessoas. Se um cair, o amigo pode ajudá-lo a levantar-se. Mas pobre do homem que cai e não tem quem o ajude a levantar-se! E se dois dormirem juntos, vão manter-se aquecidos. Como, porém, manter-se aquecido sozinho? Um homem sozinho pode ser vencido, mas dois conseguem defender-se. Um cordão de três dobras não se rompe com facilidade.
>
> *Eclesiastes 4:9-12*

A presença de Deus é a terceira dobra na vida do casal. Deus é parte do compromisso entre o esposo e a esposa. Ele, o Senhor, é fonte de auxílio na vida do casal e o modelo de referência. Mas como Deus pode intervir no relacionamento conjugal? Diz a Bíblia que “Se não for o Senhor o construtor da casa, será inútil trabalhar na construção” (Salmos 127:1). Nem sempre sabemos o que fazer — na verdade, quase nunca agimos acertadamente por nós mesmos. Precisamos de Deus e de seu conselho. Precisamos crer que Deus trará sua abundante chuva a lugares muito secos, a terras isoladas onde não existe esperança. Esse é o antídoto contra lares destruídos e casamentos acabados: a graciosa e revigorante chuva de Deus.

Podemos perceber a presença de Deus no casamento também quando o Senhor é o nosso modelo de vida. É em Jesus que devemos nos espelhar. Devermos ser cheios de Deus e manifestar o fruto do Espírito Santo: "amor, alegria, paz, paciência, amabilidade, bondade, fidelidade, mansidão e domínio próprio" (Gálatas 5:22-23). Um casamento inspirado nessas virtudes será abençoado por Deus, com toda certeza.

Referência de vida

Paula e eu temos consciência de que somos referência para muita gente. Isso é uma grande responsabilidade. Orientamos regularmente algumas pessoas com quem conversamos sobre as coisas de Deus e sobre a vida. Uma delas, um amigo próximo, contou-me sua história. Ele sempre foi muito independente da família. Vivia de acordo com suas próprias regras e convicções. Quando criança, nunca viu manifestações de carinho entre os pais. Cenas de afeto eram tão raras que ele mal se lembrava delas. O que havia com clareza em sua memória era a indiferença e o individualismo na relação dos pais.

Ele seguiu os passos dos pais e vivia assim dentro da igreja. Logo começou a namorar uma moça que tinha graves problemas emocionais. Ele a assumiu assim, sabendo de todas as dificuldades dela. Porém, com o tempo, passou a reproduzir a experiência de vida trazida da infância. Foi assim que o conhecemos.

Sempre tive uma relação de muito carinho e respeito com minha esposa. Não significa que não vivemos momentos difíceis, mas, como já disse, temos o compromisso de prosseguir. Além disso, fomos criados na Igreja e aprendemos desde cedo o papel de cada um dentro do casamento. Sabíamos que havia um manual de instrução confiável para essa etapa da vida, que é a Bíblia Sagrada.

Certa vez, durante uma viagem com esse amigo, avistei um orelhão à beira da estrada e parei só para ligar para Paula e dizer o quanto a amava. O carinho e respeito que sempre dediquei a minha mulher fez com que esse amigo percebesse que deveria tratar sua esposa de forma diferente.

O que acontece no deserto dos relacionamentos é que o horizonte está longe demais, a areia não tem fim. Parece não haver saída. Mas quando colocamos em prática o que a Bíblia ensina, tudo começa a ser transformado. Meu amigo decidiu amar a esposa como a parte mais frágil, como uma flor que necessita de delicadeza quando se acariciam suas pétalas. Ele deixou a hostilidade de lado, abandonou a amargura e passou a viver o que a Bíblia ensina:

> Maridos, sejam sábios no convívio com suas mulheres e tratem-nas com honra, como parte mais frágil e coerdeiras do dom da graça da vida, de forma que não sejam interrompidas as suas orações.
>
> *1Pedro 3:7*

Ao dar ouvidos às Escrituras esse amigo foi contra o que sentia. Passou ignorar o que sua carne falava, mas abriu-se para a Palavra de Deus. E deu certo. Algum tempo atrás ele compartilhou comigo como sua vida conjugal havia se transformado. Sua vida agora é de consciência de seus atos e de busca por algo melhor todos os dias.

Conheço também o caso de uma mulher que descobriu que o esposo mantinha relações homossexuais havia algum tempo. A esposa desconfiava de que algo estava estranho, pois ele não demonstrava mais desejo sexual por ela. Depois de confrontado, ele admitiu estar em pecado e não se esquivou de ser tratado por mim e pelo pastor.

Contou que tudo começou durante a pré-adolescência, quando sofreu abuso sexual por parte de um familiar. Ele pediu perdão à esposa e juntos investiram tempo retirando-se de toda convivência a fim de arrumarem a casa. Lutaram pelo casamento e hoje estão firmes no propósito de viver uma nova história.

Acompanhamos e aconselhamos esse casal também. Não que sejamos perfeitos, longe disso. Tenho consciência da seriedade que é ser uma referência de vida para outras pessoas e não fujo dessa responsabilidade. Sei que aquele que é perfeito, o Espírito Santo de Deus, habita em nós. E procuro, da mesma forma, olhar para outras pessoas, outras famílias que sinalizem a boa, perfeita e agradável vontade de Deus em suas vidas e que também nos sirvam de referência.

Então, quando penso se há saída para o deserto das crises conjugais, minha resposta é sim. Há um caminho em meio à terra seca. O Senhor Jesus manda uma nuvem para nos guiar. Nossa bússola é sua Palavra. Se estivermos atentos a ela, nos manteremos em segurança. Deus pode mudar qualquer situação.

O deserto nos causa vertigens e deixa a sensibilidade à flor da pele. Somos tentados a pensar e sentir coisas que não correspondem à realidade. O mundo tenta nos confundir com um arsenal diabólico. As canções de amor, as novela na televisão, os livros de romance e os filmes mostram casais apaixonados, vivendo intensamente. É como se nos convidassem para desfrutarmos o prazer a qualquer preço, mesmo que seja às custas de nosso lar.

Muitos casais, ao comparar sua história conjugal com os roteiros televisivos, pensam: "Quero isso para mim também." Pensamentos desse tipo são dardos do inferno. São os manjares oferecidos por Satanás em meio ao deserto para desviar do foco os filhos de Deus.

Outro trecho muito conhecido da Bíblia afirma:

> O amor é paciente, o amor é bondoso. Não inveja, não se vangloria, não se orgulha. Não maltrata, não procura seus interesses, não se ira facilmente, não guarda rancor. O amor não se alegra com a injustiça, mas se alegra com a verdade. Tudo sofre, tudo crê, tudo espera, tudo suporta. O amor nunca perece; mas as profecias desaparecerão, as línguas cessarão, o conhecimento passará.
>
> *1Coríntios 13:4-8*

O amor não é um sentimento que toca nosso coração apenas, nos causando suspiros e arrepios. É mais profundo. Na verdade, o amor é uma escolha. Você decide amar. Se não fosse assim, Paulo não orientaria os maridos de Éfeso a amarem suas mulheres como Cristo amou a Igreja, a ponto de dar sua própria vida por ela. Isso nos faz lembrar outra vez da decisão do náufrago de salvar a mulher, como relatei antes.

Nosso principal ministério

Viver uma vida de integridade espiritual dentro do lar exige dedicação. Paula, Asafe, Abner, Mariah e eu temos por hábito nos reunir para orar uns pelos outros. É um tempo especial que Deus nos dá, em que cada um reparte suas experiências diárias, compartilha o que vai no coração, e, em família, buscamos a Deus.

Não existe um modelo certo de se fazer isso. Não há uma liturgia que deva ser seguida à risca para os momentos devocionais com a família. Às vezes estou com um de meus filhos no sofá de casa e ele me diz algo que toca o meu coração. No mesmo momento oramos, agradecidos a Deus. Em outras ocasiões, no carro, num dia de sol, peço que um deles ore e agradeça pela oportunidade de desfrutarmos da graça de Deus. Tudo muito prático, muito simples. Acredito muito na oração e ela é constante em nossa vida. Assim como falamos com Deus, também conversamos entre nós.

Outro dia, numa dessas conversas com o Asafe, fiz com que ele se lembrasse de três coisas inimigas da verdade: o silêncio, a ausência e a escuridão. Se houver algo escondido dentro do coração que não for compartilhado, pode se tornar uma raiz venenosa que contamina, de forma maligna, nossa alma. Por isso é muito importante saber o que pensam meus filhos, o que se passa no coração da minha esposa. Chego a passar o dia inteiro só pensando no que vou dizer a eles de forma que os abençoe e os edifique. Levo isso tão a sério que, às vezes, quando começo a falar, Paula, brincando, me diz: "Ok, eu aceito o Senhor Jesus como meu Salvador."

Infelizmente, em muitas famílias é comum a falta de diálogo e de interesse mútuo. Isso ocorre também dentro das igrejas. O marido e a esposa frequentam os cultos, participam da escola dominical, são ativos nos grupos de missões, mas em casa não são capazes de orar juntos. Não conversam, pois estão muito ocupados com seus problemas interiores e caminham sozinhos em desertos particulares.

Como seria melhor se cada conflito no lar fosse colocado de lado em favor da união. Será que é tão difícil matar o "eu" em favor do "nós"? Mesmo admitindo que a convivência conjugal não é fácil, não me parece normal que os casais se separem no ritmo a que temos assistido. E o pior é que isso ocorre nas mesmas proporções dentro ou fora da igreja. Não me parece natural a busca pela felicidade pessoal que implique em pôr um fim à família. O nosso principal ministério é o lar.

Quando estamos no quarto, na sala ou na cozinha da nossa casa é que somos provados sobre como realmente temos honrado nossa história. Um pastor pode enganar uma congregação inteira, mas um pai ou um marido não consegue representar um personagem dentro de casa. É por essa razão que reafirmo: não há sucesso ministerial se não formos aprovados em nosso lar. Deus tem o propósito de nos fazer levar seu nome às nações, mas não fará isso se não formos exitosos em viver a salvação em nossa casa.

CAPÍTULO 6

O verdadeiro adorador

Quem só me conhece através dos CDs e DVDs ou mesmo dos shows costuma tomar um susto quando me conhece pessoalmente. Para decepção de alguns — e alívio da maioria —, não faço o tipo de estrela da música ou de astro do rock. Apesar de tocar um som mais pesado, não uso roupas extravagantes nem faço uma lista de exigências esdrúxulas para meu camarim, como é hábito de alguns músicos.

Você consegue imaginar Jesus Cristo solicitando uma série de regalias para discursar o Sermão do Monte? Eu, como servo e seguidor dele, também não posso agir de tal maneira. Não sou mais importante que o meu Senhor, de quem eu quero falar. Quem me conhece costuma me descrever como um cara extremamente reservado e pacato. Sou como qualquer pessoa e, até certo ponto, sou frio diante dos holofotes.

De vez em quando alguém me pergunta: "Fernandinho, você ainda sente um frio na barriga quando se apresenta em palcos importantes pelo país ou no exterior? Fica tenso quando está diante de uma multidão de pessoas?" A resposta é não. Quando toco na minha igreja ou num estádio, numa casa de show moderna ou diante de câmeras de televisão, sinto a mesma coisa. O ambiente não muda o que eu sou: um adorador. Sou apenas isso e, ao mesmo tempo, tudo isso.

Tenho consciência de que foi Deus quem me resgatou, me limpou e me elegeu para esse ministério. Eu tinha tudo para dar errado. Antes de me entender como um adorador, eu era um músico cheio de vaidade e orgulho. Meu grande objetivo era ter uma banda, fazer sucesso e ser reconhecido musicalmente. Fui um apaixonado pela estrutura de um show, pelos decibéis dos amplificadores, pelo espaço físico e pela sonoridade. Ainda gosto de tudo isso, mas, hoje, meu foco é outro.

A paixão pela música surgiu aos poucos em minha vida. A primeira vez que um instrumento musical chamou minha atenção foi quando aceitei o convite para visitar a igreja de um amigo com quem jogava bola na rua. O filho do pastor usava uma linda guitarra branca. Aquela cena me tocou. Eu era um pré-adolescente e ainda morava em São Mateus, no Espírito Santo. Fiquei hipnotizado por aquela guitarra. Não conseguia tirar os olhos dela, nem deixar de prestar atenção ao som que ela fazia.

Depois, quando eu já era adolescente, foi a vez do meu pai colocar na minha mão o instrumento que me acompanharia para sempre: o violão. Mesmo contrariando meu desejo, ele me deu o violão e uma porção de métodos, como já mencionei. Ou eu aprendia a tocar ou o único som que eu ouviria seria o do cinto de couro ardendo em mim. Acredito que a sabedoria sertaneja do meu pai foi um dom de Deus. Hoje sou grato, claro, mas na época eu não entendia nem aceitava muito bem aquela “estratégia”.

Ainda na adolescência, eu passei por problemas comuns a essa fase da vida e apresentava certa dose de rebeldia até no modo de falar. Certa vez, meu pai chegou e me disse: "Quando você chegar da escola, em vez de ir para a rua aprender palavrão, você vai dirigir um culto, aqui em casa ou na casa de outras pessoas."

Nessa época já morávamos em Campos, e no domingo à tarde após o culto ele me levava para fazer visitas com ele. Eu queria ficar em casa dormindo, mas ele dizia que a noite era para dormir e o dia para trabalhar. Lembro-me de que ficava com vergonha, meus amigos riam de mim, mas eu não tinha como fugir. Saíamos pelos bairros, ele com a Bíblia e eu com o violão. Entrávamos nas casas, ele orava com as famílias e me mandava tocar um hino.

Conforme fui tomando gosto pela música, participei de uma banda que tocava em ruas e escolas evangelizando jovens e adultos. Mais tarde ingressei no Hagios, um grupo musical formado por integrantes de nossa igreja que ficou conhecido em toda região e em outras partes do país com canções como "Mais que um sonho" e "Ele é Jesus". Nessa época, algumas das músicas do grupo eram ouvidas até mesmo em rádios seculares da nossa cidade. Viajávamos bastante, ministrando nas igrejas. Porém, até aquele momento eu era apenas um bom músico. Nada mais que isso. Até me via como um ministro de louvor, mas não entendia exatamente o que isso significava nem imaginava a dimensão que esse ministério tomaria na minha vida.

Só um detalhe

Foi assim, dentro da Igreja, que Deus me encontrou e começou a mudar o foco da minha vida. Ele me mostrou que a música era só um detalhe, uma gota no oceano da minha vida espiritual. Um dos episódios mais marcantes dessa construção aconteceu em 1998. Eu estava com 25 anos, recém-casado e soube de um congresso de música cristã que estava programado para ocorrer na região serrana do Rio de Janeiro.

Paula e eu costumávamos acompanhar tudo o que acontecia no cenário da música evangélica. Sempre que possível, participávamos de eventos e congressos a fim de nos manter atualizados sobre o tema e, claro, dividir o que aprendíamos com a nossa igreja. Na verdade, essa preocupação era mais dela, que já dirigia o louvor e liderava ministérios em nossa comunidade. Ela gostava das canções no estilo louvor e adoração, em que as letras e a melodia, aliadas à ministração, facilitam o louvor congregacional. Eu me sentia mais atraído pelo som pesado de bandas como Petra, Bride, Delirious?, Katsbarnea, Oficina G3, entre outras bandas de rock.

Em 1998 nos inscrevemos para participar do congresso Louvor Profético. Seriam três dias em que teríamos a oportunidade de assistir à performance de alguns dos principais nomes da música de louvor e adoração do cenário brasileiro, como Adhemar de Campos, Daniel de Souza, Asaph Borba entre outros. Além deles, duas atrações internacionais estava programadas: Justo Almario e o Abraham Laboriel.

Qualquer músico evangélico com mais de trinta anos já ouviu falar desses instrumentistas sensacionais. Ambos já estiveram no país em outras ocasiões, tocando um estilo de louvor e adoração capaz de nos conectar com Deus, a despeito das barreiras que o idioma às vezes impõe. Justo Almario, colombiano, e Abraham Laboriel, mexicano, faziam parte do ministério de adoração comandado pelo pastor e músico Ron Kenoly. As músicas dele fizeram um sucesso estrondoso durante a década de 1990 e início dos anos 2000 aqui no Brasil e repercutem até hoje.

Justo Almario é saxofonista e flautista e costuma unir os arranjos do jazz à sonoridade latino-americana. Tudo com muita elegância e simplicidade. Já Abraham Laboriel é um músico de tirar o fôlego. Reconhecido como um dos baixistas mais versáteis do nosso tempo, toca com alegria e unção inigualáveis. Vê-lo ajeitar o contrabaixo e dançar ao som das canções era algo emocionante.

Todas essas qualidades faziam deles os participantes mais esperados pelos músicos naquele acampamento. Todos nós, instrumentistas, queríamos mesmo era vê-los de perto, ouvi-los tocar e aprender com eles. Deus, porém, tinha anotado aqueles dias em seu livro e queria me tornar muito mais do que um músico melhor. Ele reservou aquele tempo para me mostrar o que era ser um adorador e, em seus desígnios santos, me transformar num ministro de adoração também, como aqueles palestrantes.

Como já afirmei, minha história nasceu na Igreja. Minha vida era umbilicalmente ligada ao ministério e aos serviços na nossa igreja local. Quando olho para esses momentos em minha vida, desde a infância, a guitarra branca, meu pai chegando com o violão nas mãos, as broncas e a obrigação de acompanhá-lo nas casas durante o evangelismo, vejo tudo como sinais do céu.

Deus me conduzia por um caminho, assim como fez com Moisés e o povo hebreu no deserto rumo à Terra Prometida. A Bíblia registra em Êxodo 13:21-22:

> Durante o dia o SENHOR ia adiante deles, numa coluna de nuvem, para guiá-los no caminho, e de noite, numa coluna de fogo, para iluminá-los, e assim podiam caminhar de dia e de noite. A coluna de nuvem não se afastava do povo de dia, nem a coluna de fogo, de noite.

É isso que sinto em relação à minha trajetória. Deus me guiou por caminhos e desertos onde jamais imaginei pisar. E foi assim que ele me conduziu até o Louvor Profético naquele ano.

No primeiro dia do congresso eu estava ansioso e só pensava em ver Abraham Laboriel. Mas a apresentação do mexicano estava agendada para acontecer apenas no último dia. Minha vontade de vê-lo dedilhar seu contrabaixo era enorme, mas não me restou nada a fazer a não ser acompanhar toda a programação e aproveitar as experiências.

Assim que vi o Laboriel pela primeira vez, uma coisa me intrigou. Ele não tinha área vip, reservada só para ele. Não andava com seguranças nem estava rodeado por assessores. É bom lembrar que estou falando de um músico que tocou com os maiores nomes da música mundial, gente como Aretha Franklin, Robbie Robertson e Michael Jackson. Trata--se de um baixista ímpar, reverenciado por seu talento em todo o planeta. Pois esse homem esperava, pacientemente, sua vez na fila do bandejão, confraternizava com todos a sua volta e, nos momentos de clamor, buscava a Deus em oração com toda reverência.

Um amigo mais tarde me explicaria: "Fernandinho, o Abraham Laboriel não é um músico apenas, ele é um cristão, um servo de Deus. Um homem que ama viver entre o povo de Deus e falar de Jesus." Vê-lo longe dos palcos me surpreendeu e me ensinou muito. Para minha sorte, eu, que imaginava um músico espetacular, encontrei um adorador que espelhava Cristo em seu viver. Esse foi mais um dos pequenos fragmentos que iam se juntando e formando um mosaico que, sem eu perceber, moldava em mim um caráter de servo e adorador.

Quando tive a chance de, enfim, vê-lo tocar, as palavras do meu amigo fizeram sentido. Abraham tocava e ministrava ao mesmo tempo. Orava por pessoas com problemas de saúde e trazia revelações da parte de Deus. Eu assistia àquilo tudo extasiado e percebi que ele não era um multi-instrumentista, mas sim um profeta de Deus disfarçado de músico.

Nuvem de chuva

Aquele congresso ficaria marcado em minha vida por outro presente que recebi de Deus. Foi lá que conheci o pastor Daniel Souza, de São Vicente, cidade do litoral paulista. Hoje, como a maioria sabe, ele é um amigo muito especial, que já naquela época era um ministro consagrado por sua música e sua devoção a Deus. Em sua apresentação ele nos levou a refletir sobre as consequências do pecado na vida do músico. Falou sobre vaidade e ressaltou que Deus não divide sua glória. Lembrou também que Deus continua sua procura por verdadeiros adoradores, como está escrito em João 4:23: "Está chegando a hora, e de fato já chegou, em que os verdadeiros adoradores adorarão o Pai em espírito e em verdade. São estes os adoradores que o Pai procura." Ele fez questão de frisar que esses adoradores são aqueles que não têm o coração dividido entre os holofotes, as riquezas e os tesouros desse mundo, mas antes são totalmente de Deus, como está escrito em 2Crônicas 16:9: "Os olhos do SENHOR estão atentos sobre toda a terra para fortalecer aqueles que lhe dedicam totalmente o coração."

Os dias ali foram realmente de grande aprendizado. Um dia depois da ministração do Daniel Souza, foi a vez do Asaph Borba, autor das mais belas canções da tradição evangélica e alguém que considero como um pai na fé e no louvor. Ele ensinou sobre a integridade do músico. Falou da importância da dedicação, da espiritualidade e do compromisso com Deus. Até então, para mim, ser músico era cumprir com minhas obrigações na igreja, tocar quatro ou cinco canções antes da pregação, sair para conversar com os amigos enquanto o pastor ministrava e depois retornar na hora da conclusão e do apelo. Quem é músico sabe bem do que eu estou falando.

As noites no congresso foram de um quebrantamento nunca experimentado por mim, uma comoção tão intensa que mudaria definitivamente minha história de vida. Numa das ministrações, enquanto Asaph Borba tocava e pregava, Daniel Souza o acompanhava no contrabaixo. Alguns grupos se uniram em oração. O clamor foi tão intenso que todos os músicos desceram de suas posições no palco. Ninguém permaneceu sobre a plataforma, nem mesmo o Asaph. Todos se abraçavam e oravam uns pelos outros. Todos juntos, misturados às centenas de participantes.

As pessoas clamavam e se entregavam a Deus com muita emoção. Alguns oravam em línguas estranhas, outros dobravam os joelhos, erguiam as mãos, pulavam e até se jogavam no chão. Todos choravam intensamente, com lágrimas que pareciam ser arrancadas da alma. Eu não entendia nada do que acontecia ali. Estava confuso, mas meu coração pulsava naquele movimento. Eu também queria sentir a mesma coisa e orei a Deus pedindo que ele me visitasse da mesma forma.

Enquanto orava me lembro de ter visto uma espécie de nuvem que envolvia todos naquele recinto. Pensei que pudesse ser até fumaça de algum aparelho eletrônico de luz ou de som, mas, definitivamente, não era. Quando me virei vi o Asaph. Ele estava a uns dois metros de distância, no máximo. Olhou para mim, apontou em minha direção e disse: "Rios de águas vivas fluirão do seu interior." Fui impactado por aquelas palavras. Acho que isso responde às pessoas que me pedem para explicar a razão de minhas canções falarem tanto de chuva, rios ou nuvens...

Toda experiência vivida ali gerou em mim a vontade de tentar entender e buscar mais a plenitude de Deus. Passei a desejar um envolvimento maior com as coisas do Senhor. A palavra adoração ficou tatuada em minha alma. Minha vida estava sendo transformada e eu não tinha a menor ideia de onde isso iria parar. A única coisa que eu sabia é que não viveria mais distante de momentos tão prazerosos de contrição, de adoração e de clamor.

No final do congresso, procurei o Daniel Souza e o convidei para falar sobre adoração em um culto de nossa igreja. É claro que eu não tinha autoridade para convidar um renomado adorador, mas o fiz de forma corajosa. Meu maior desejo era que todos os meus irmãos experimentassem também aquela unção maravilhosa que vivenciamos durante os dias em que estivemos ali. Daniel foi muito cortês e nos indicou o telefone de sua secretária, com quem poderíamos agendar um compromisso para ele. Anotamos tudo, agradecemos e ficamos de retornar o contato, o que, de fato, fizemos alguns dias depois.

Nas semanas que se seguiram ao congresso meu coração permanecia inflamado. Voltamos para a vida cotidiana em Campos, tocando como de costume nossas atividades ministeriais e nosso trabalho na livraria evangélica, que era o nosso "ganha-pão". Mas eu jamais seria a mesma pessoa.

Um ano depois, em 1999, o pastor Daniel Souza foi até nossa igreja, como havíamos combinado. Lá ele falou sobre o Reino de Deus, sobre música e adoração. Nossa comunidade foi impactada pela pregação e, como prevíamos, aquele encontro foi marcante na história da nossa igreja.

A alegria de tê-lo conosco naquela noite me fez até esquecer, por alguns momentos, o momento delicado que enfrentava em minha vida pessoal. Estávamos diante da iminente perda do nosso empreendimento, pois vivíamos tempos difíceis de crise financeira, um período sobre o qual falarei num capítulo à parte.

Após Daniel pregar e ministrar o louvor em nossa igreja, saímos para jantar. Compartilhamos com ele, então, um pouco sobre a situação com a nossa loja e o medo de perder nossos investimentos. Ele nos olhou e disse: "Deus vai remover tudo da vida de vocês e fazer da casa de vocês uma casa de adoração."

Adoração e simplicidade caminham juntas

Pouco tempo depois, Daniel surgiu outra vez na nossa vida. Ele me telefonou e disse que faria uma viagem até Vitória. Como no caminho do litoral paulista até o Espírito Santo ele passaria pelo norte fluminense, sugeriu passar a noite em nossa casa, e assim conversaríamos mais sobre adoração e o Reino de Deus. Em outras palavras, ele queria terminar aquela boa conversa que iniciamos no jantar cerca de um ano antes e nos incentivar a viver um novo tempo em nossa vida.

Senti um frio na barriga. Obviamente, eu queria saber mais sobre adoração e ouvir, com exclusividade, os ensinos de um ministro da relevância do Daniel. Porém, apesar de já tê-lo encontrado em duas ocasiões, Daniel era naquela época o que hoje se chama de astro, uma grande referência da música de adoração. Eu e Paula tínhamos muito pouco a oferecer. Nossa vida era simples e, além de tudo, ainda estávamos imersos dívidas e dificuldades financeiras. Morávamos numa casa emprestada pela avó da minha mulher, e nosso dinheiro era curto.

Mesmo com tudo isso e mais um recém-nascido barulhento para atrapalhar o sono, ele se colocava à nossa disposição, para passar a noite ali. Só podia ser coisa de Deus. As primeiras lições que aprendemos sobre adoração vieram desse ministro e amigo. Ele nos mostrou que adorar é ter o coração simples e estar sensível à voz de Deus para ver aonde ela vai nos levar.

Fomos extremamente edificados com a presença do Daniel em nossa casa. Conversamos sobre família, filhos, casamento, amigos e compromisso com a igreja local. Daniel nos contou suas experiências de vida, nos falou sobre o amor que tinha pelo ministério e seus consequentes frutos. Comentou também sobre as dificuldades que se apresentam na vida do adorador. Conversamos sobre quase tudo, menos sobre técnicas musicais. Isso parecia secundário diante de tantas lições de vida. Fomos dormir às quatro horas da manhã, e naquele mesmo dia ele seguiu seu rumo.

Hoje, quando me lembro disso, percebo a origem de algumas atitudes minhas que são tão avessas ao estrelado mundo gospel. Mesmo após uma grande conquista, como foi a gravação do DVD *Teus sonhos*, numa das principais casas de espetáculos da América Latina, sou exatamente a mesma pessoa de sempre. Sim, aquele foi "um dia que o Senhor fez", mas, para mim foi só um dia que passou.

Vivo sem sobressaltos a vida cotidiana, a vida em família. Tenho compromissos corriqueiros com amigos e pastores. Recuso ser chamado de celebridade. Quando subo num palco ou num púlpito, tenho consciência de que a noiva é de Cristo. Estou diante da Igreja dele, não do meu fã clube.

Aprendi isso com líderes como o próprio Daniel Souza e o Asaph Borba, homens que, mesmo após as conquistas que tiveram, mantêm a voz humilde e o senso de missão.

Depois do encontro com Daniel, desenvolvi a consciência do que era ser um adorador, e Deus foi me abençoando com novas canções, como "Formoso és", que seria a faixa-título do CD lançado em 2001. Porém, antes de me tornar um ministro diante das multidões, eu precisa me tornar um ministro diante da minha igreja. Até então eu já tocava bateria e cantava no coral. Um ano antes, em 2000, havíamos reservado recursos para gravar o CD, mas preferi investir no trabalho de uma amiga nossa.

Paula ainda insistiu para que eu tentasse, mas não me sentia seguro. Eu era capaz de produzir um CD e dominava todos os aspectos técnicos, mas não sabia me comunicar com a igreja. Eu ficava sempre nos bastidores, tocando o baixo ou a bateria e também participava do coro. Falar com a igreja, porém, não era habitual para mim.

Era a Paula quem ministrava naquela época. Num domingo de manhã ela me incentivou a dirigir o louvor. Eu me preparei com os outros músicos e aquele dia se tornou um divisor de águas na minha história e no louvor de nossa igreja. Eu não sabia o que aconteceria, mas Deus promoveu um grande quebrantamento. À certa altura da ministração, chamei nossos pastores e lavamos os pés uns dos outros, num momento de grande comoção. Todos choravam.

Tudo poderia ter dado errado. A igreja poderia se escandalizar, não concordar ou mesmo censurar a "inovação". Enfim, havia muitas possibilidades. Mas, o que sei é que Deus tocou em meu coração para agir daquela maneira e, desde então, tenho ministrado diante da minha comunidade com muita ousadia e força. Até então as pessoas me olhavam, sabiam que eu tinha talento, que cantava e tocava. Mas ninguém tinha me visto ministrar. Deus confirmou a vontade dele naquele culto.

Durante os anos seguintes fui me preparando e andando em direção à vontade de Deus. Estudei no seminário batista de nossa igreja e fui ordenado pastor. Durante oito anos trabalhei voluntariamente, liderando grupos e servindo à Igreja. Deus tinha mudado minha meta. Eu agora não queria mais ser um músico de sucesso, queria ser um pastor de almas.

Preparar a terra

Para aproveitar a chuva de Deus é preciso arar a terra, limpar o solo e aguardar o tempo certo, como acontece na agricultura. Cada cultura tem sua característica.

Por vezes acontecem erros de planejamento. Em nosso país, na região do semiárido nordestino, há uma cena corriqueira. Basta cair uma chuva mais forte para que os governos locais forneçam aos agricultores sementes selecionadas. Estes correm para plantar, na esperança de que a chuva continue caindo. Só que, não raro, para decepção geral, a chuva cai uma única vez, e todo o preparo da terra é perdido.

A ansiedade por obter resultados também acontece enquanto somos forjados por Deus. Muitos ministros julgam-se preparados após o primeiro aplauso. Não têm uma vida de serviço na igreja local, não se submetem a lideranças. O resultado, muitas vezes, é um desperdício da semente e do preparo da terra. A sabedoria da chuva é incontestável, como registra Joel 2:23: "Deus [...] dá as chuvas de outono, conforme a sua justiça. Ele lhe envia muitas chuvas, as de outono e as de primavera, como antes fazia."

O arado é um recurso usado para lavrar os campos, revolvendo a terra, tornando-a mais fofa e arejada, o que facilita o desenvolvimento das raízes das plantas. O processo de aragem é imprescindível à cultura agrícola e antecede o processo de semeadura e posterior colheita. É preciso trabalho e perseverança. Quando o agricultor prepara a terra ele não tem nenhuma garantia de que receberá sua recompensa, de que colherá frutos. Mesmo assim, ele se dedica a esse processo de preparação.

Quando passei a ministrar também na igreja local, meus pastores puderam ver que antes de ser um artista — um termo, aliás, que me desagrada — meu coração estava no trono de Deus. Isso me deu respaldo para continuar cantando e escrevendo canções. Antes de chegar aos púlpitos e palcos, eu já era identificado pelas pessoas como alguém com intensa atividade de doação e dedicação nos bastidores da comunidade. Antes de ministrar diante da comunidade, eu já havia alcançado o coração das pessoas com o trabalho que realizava na minha igreja local. Eu era visto como alguém dedicado no serviço, que ajudava na realização de nossas vigílias e como um homem que amava a esposa e cuidava do seu lar. Vejo como um benefício para minha vida a junção do serviço nos bastidores da igreja local e o ministério no púlpito. Eu estava preparando o solo e arando a terra à espera da chuva de Deus.

Servo não é um título pomposo

Com o passar dos anos, todos nós vamos colecionando lições preciosas ao estudar as Escrituras e ver nossa fé sendo testada, provada e aprovada cotidianamente. Aprendi numa dessas ocasiões como é fútil buscar o reconhecimento das pessoas e esquecer-se de ser reconhecido por Deus. Por isso me desapego de tudo que possa chamar a atenção para mim. Abro mão de roupas extravagantes, relógios caros, correntes e enfeites excêntricos. Como disse no início deste capítulo, fujo dos comportamentos típicos de um astro do rock.

Certa vez fui tocar num programa de televisão. Quando passávamos o som, um dos produtores veio conversar comigo e fez o seguinte comentário:

— Não sabia que os crentes faziam um rock assim.

Ele se referia à sonoridade das minhas canções e ao uso das guitarras e da bateria. Agradeci pelos elogios e fui me preparar para a gravação. Troquei de roupa e segui para a coxia, onde aguardaria minha vez de entrar no palco. Quando esse mesmo produtor me viu, levou um susto:

—Você está assim, desse jeito? Não vai se preparar e colocar uma roupa?

Respondi:

— Mas eu estou vestido.

Sem se deixar convencer, ele continuou:

— Mas você não vai colocar uma roupa diferente? Óculos escuros, pelo menos?

Não quero me enquadrar num estereótipo de artista, de músico, de cantor de rock. Nada disso. Eu quero mesmo é ter meu caráter moldado por Jesus. É fácil discernir um adorador comprometido com o Senhor de um músico qualquer. Enquanto o primeiro é resguardado, o segundo parece um letreiro luminoso. O primeiro está concentrado nas coisas de Deus e passa despercebido em meio à multidão. O segundo, assim que chega a um aeroporto, já é facilmente identificável por suas roupas e penduricalhos espalhados pelo corpo todo.

Chega a ser engraçado observar. Basta chegar um sujeito todo paramentado, cheio de trejeitos, que as pessoas começam a se perguntar: "Quem é?", "É artista ou músico?" O adorador é um servo de Deus. Essa é sua missão principal. Entre os levitas, no Antigo Testamento, era assim. A função deles era o serviço, não o estrelato.

Aquele que se propõe a servir a Deus por meio da música deve ter no íntimo o desejo de servir o próximo e a Igreja. O comprometimento maior não é com a carreira, com o desempenho na venda de CDs ou com a repercussão de seu trabalho. Deve ser, sim, com o serviço a Deus, acima de tudo, e à sua obra. Além disso, servo não é um título pomposo, como alguns dizem por aí: "Ele é um grande servo de Deus!" Servir é, na verdade, um estilo de vida que deve ser observado diariamente.

O adorador no deserto

Davi é conhecido por ser um autêntico adorador, autor de alguns dos mais belos salmos da Bíblia. A vida dele, porém, registra muitos desertos, literais e figurados. Um deles foi quando seu filho mais velho, Absalão, promoveu uma rebelião e decidiu despojar o pai do trono. Ele conseguiu reunir um grupo de revoltosos dispostos a matar o rei Davi, que foi obrigado a se refugiar no deserto de Judá.

Mesmo diante da angústia pela traição de seu filho e do perigo para sua integridade física e da consequente desolação do seu reino, Davi não parou de fazer uma das coisas que mais lhe agradavam: ele continuou a compor suas canções. O deserto estava ao seu redor, mas não dentro dele, não em seu espírito. Ele armou-se de fé e compôs músicas que revelavam sua alma.

Um dos textos forjados em tempos de seca e solidão foi o salmo 3, belíssima canção que tem recebido as mais diferentes versões, desde então. Vale a pena reproduzi-lo aqui:

> SENHOR, muitos são os meus adversários!
> Muitos se rebelam contra mim!
> São muitos os que dizem a meu respeito:
> "Deus nunca o salvará!"
> Mas tu, Senhor, és o escudo que me protege;
> és a minha glória e me fazes andar de cabeça erguida.
> Ao SENHOR clamo em alta voz,
> e do seu santo monte ele me responde.
> Eu me deito e durmo, e torno a acordar,
> porque é o SENHOR que me sustém.
> Não me assustam os milhares que me cercam.
> Levanta-te, SENHOR!
> Salva-me, Deus meu!

Quebra o queixo de todos os meus inimigos;
arrebenta os dentes dos ímpios.
Do SENHOR vem o livramento.
A tua bênção está sobre o teu povo.

É certo que em nossa caminhada seremos expostos a lugares duros e enfrentaremos inimigos impiedosos. Jesus foi claro ao nos alertar que no mundo teríamos aflições. Porém, mesmo diante delas, não devemos deixar de adorar a Deus, pois é ele quem nos mostra um caminho em meio ao deserto.

Davi não foi o único que viu beleza e poesia no cenário inabitável e seco do deserto. Moisés compôs também uma bela canção, o salmo 90:

SENHOR, tu és o nosso refúgio, sempre, de geração em geração.
Antes de nascerem os montes e de criares a terra e o mundo,
de eternidade a eternidade tu és Deus.
Fazes os homens voltarem ao pó, dizendo:
"Retornem ao pó, seres humanos!"
De fato, mil anos para ti são como o dia de ontem que passou,
como as horas da noite.
Como uma correnteza, tu arrastas os homens;
sao breves como o sono;
são como a relva que brota ao amanhecer;
germina e brota pela manhã,
mas, à tarde, murcha e seca.
Somos consumidos pela tua ira
e aterrorizados pelo teu furor.

Conheces as nossas iniquidades;
não escapam os nossos pecados secretos à luz da tua presença.
Todos os nossos dias passam debaixo do teu furor;
vão-se como um murmúrio.
Os anos de nossa vida chegam a setenta,
ou a oitenta para os que têm mais vigor;
entretanto, são anos difíceis e cheios de sofrimento,
pois a vida passa depressa, e nós voamos!
Quem conhece o poder da tua ira?
Pois o teu furor é tão grande como o temor que te é devido.
Ensina-nos a contar os nossos dias
para que o nosso coração alcance sabedoria.
Volta-te, SENHOR! Até quando será assim?
Tem compaixão dos teus servos!
Satisfaze-nos pela manhã com o teu amor leal,
e todos os nossos dias cantaremos felizes.
Dá-nos alegria pelo tempo que nos afligiste,
pelos anos em que tanto sofremos.
Sejam manifestos os teus feitos aos teus servos,
e aos filhos deles o teu esplendor!
Esteja sobre nós a bondade do nosso Deus Soberano.
Consolida, para nós, a obra de nossas mãos;
consolida a obra de nossas mãos!

Transcrevo aqui esses salmos porque eles revelam muito sobre o caráter do adorador quando está sofrendo no seu deserto. Quando leio essas composições, reconheço tais palavras. Assim como Davi e Moisés, também já escrevi tendo sob os pés a areia incerta e quente do deserto. Minha primeira canção, "Formoso és", nasceu num período de secura financeira. Já "Sara-me" foi escrita durante um intenso momento de dor física. A letra de "Tudo é possível" surgiu quando eu estava num quarto de hospital diante da minha irmã querida, que sofria de um câncer que lhe ceifaria a vida.

O contexto em que cada uma dessas músicas foi escrita é tratado em outros capítulos, mas o que quero deixar evidente neste é que Deus leva o adorador a enxergar flores no deserto. Ele mostra a beleza de sua fidelidade e sua vontade. Os desígnios de Deus são revelados quando atravessamos momentos de dificuldade. É preciso que o adorador deixe de checar a conta bancária, o número de visualizações no YouTube ou as curtidas no Facebook e fixe seus olhos em Deus. Não é ele, o ministro de louvor que tem de aparecer. É Deus, através da vida do adorador.

Sem manipulação

Vejo frequentemente pessoas ligadas à música se esforçando para ter o trabalho reconhecido. Elas correm de um lado para o outro e fazem alianças das mais diversas. Não é raro eu receber um CD de divulgação de um cantor junto com o apelo: "Fernandinho, por favor, me ajude. Indique meu trabalho." Creio que melhor que minha indicação seria que essas pessoas se dessem conta da responsabilidade que é ser um ministro de adoração, que soubessem que estarão sujeitas a um levante espiritual, que estivessem com o coração conectado a Deus e dispostas a conduzir o povo em louvor.

Tenho uma convicção: um adorador não precisa suar. Suor simboliza esforço. No entanto adoração não representa esforço, mas sim a obra de Deus em nós. Nós, como ministros, temos que desaparecer gradativamente até que a congregação tenha plena consciência de que o Espírito Santo chegou ao lugar e assumiu a direção.

Penso que isso acontece quando eu diminuo, e Deus, o ser adorado, chega. Quando abro mão de ser visto e não tenho necessidade de mostrar meus valores, meus dotes e minhas habilidades. Quando dispenso meus artifícios para fazer a igreja adorar. Não estou dizendo que, como ministros, não devamos conduzir a igreja em adoração. Devemos, é claro. Essa é a nossa função. Mas o que não podemos fazer é manipular a congregação.

É maravilhoso quando estou ministrando e percebo que não preciso fazer mais nada, mas sou um com a igreja. Já não sou eu quem dirige, é o próprio Deus que rege sua adoração. Esse é o ponto ao qual desejo chegar. Quando ele está em nós. Quando ele se reflete em nós, há uma reação natural de sua Igreja.

As pessoas respondem àquilo que você é. Isso causa temor, porque é uma tremenda responsabilidade. Quem sou eu em Deus e o que represento para as pessoas? O que quero ser e onde quero chegar? Não sou uma estrela pop, nem mesmo um comediante, um animador de auditório ou um palhaço de um circo. Claro que não tenho nada contra essas pessoas, elas desempenham seus papéis nos locais e nos momentos apropriados. Só que o trabalho, a missão do adorador diante da noiva de Cristo, a santa Igreja, é conduzi-la até seu Noivo. Esse é o caminho que quero trilhar, lutando o bom combate e guardando a fé, até que ele venha ou até que eu me encontre com ele.

Deus tem um sonho para cada filho e está comprometido com eles em amor, independentemente de quem sejamos para as pessoas. Não importa se nossas canções fazem sucesso ou não. Não importa se vendemos um milhão de livros ou CDs ou se somos os mais desafinados da igreja. Deus tem o mesmo chamado para você e para mim. Ele quer ver um adorador. A sua voz é recebida pelos ouvidos do Pai tanto quanto a minha. Não pare de adorá-lo, mesmo em meio ao deserto. Passe por esse solo ressecado "com salmos, hinos, e cânticos espirituais; cantando e louvando de coração ao Senhor, dando graças constantemente por tudo a Deus Pai por todas as coisas, em nome de nosso Senhor Jesus Cristo" (Efésios 5:19-20).

Essa tem sido a minha oração e espero que seja a sua também. Como diz a canção que Deus me deu, "Teus sonhos": "A minha vontade já deixei, o teu Reino já ganhei. Toma a minha vida, tudo é teu." Que sejamos ministros que anunciem os conselhos do Senhor e possamos fazer do púlpito ou do palco onde estivermos não locais de exibição pública, mas sim lugares de manifestação da glória de Deus. Que sejamos canais limpos pelos quais Deus possa se manifestar.

Então, meu convite é que caminhemos juntos. Eu também sou pecador. Posso estar diante da igreja, conduzindo o povo em adoração, mas quando ele chegar não haverá o ministro, aquele com "M" maiúsculo, cheio de glória ou unção. Não, todos somos ministros, sacerdotes e discípulos de Deus. Peço a ele que essa consciência paire sobre nós.

CAPÍTULO 7

À sombra de suas asas

Viver na dependência de Deus é um exercício de fé, principalmente quando atravessamos um deserto. Entre as piores incertezas que podem afligir uma pessoa está a instabilidade financeira. Quem é pai ou mãe entende bem o que digo. É desesperador não saber como garantir o sustento de sua família, e não são poucos os que, desesperados, percorrem caminhos de morte nessa situação.

Não posso dizer que minha infância foi de grandes e prolongadas privações econômicas. Conforme já mencionei, como funcionário público, meu pai obtinha rendimentos suficientes para nos garantir uma vida estável e com certo conforto. Graças ao equilíbrio de meus pais, que optaram por viver de acordo com a renda familiar, não tivemos problemas nessa área. Eles não se iludiam com grandes aventuras ou viagens inconsequentes, nem mesmo arriscavam comprar o carro do ano. Aliás, por muito tempo, meus pais nem sequer tiveram carro.

Eu cresci vendo-os administrar bem a casa. Meu pai era tão honrado que seu cadastro sempre foi prontamente aprovado quando precisou de algum crédito em um banco ou em uma loja. O mesmo acontecia na família de Paula. Todos eram bem-resolvidos economicamente e ela sempre foi tratada com muito afeto e atenção por seus pais. Tínhamos tudo de que precisávamos quando jovens: passeios, livros, educação de qualidade, dinheiro extra para o lazer com os amigos e inscrições nos retiros e acampamentos da igreja. Tudo o que dois jovens cristãos mais querem estava ao nosso alcance.

Depois de adulto, porém, enfrentei uma situação um pouco diferente. Passei por momentos de medo, tristeza e vergonha devido a uma situação que planejei de um modo, mas que se deu de outro jeito. Depois de casados, Paula e eu seguíamos o exemplo de nossos pais. Era o caminho natural, afinal, herdamos a correção, o espírito equilibrado e os princípios e valores fundamentados na fé cristã de nossos pais. Pensando em garantir uma fonte de renda para os primeiros anos de casamento, antes mesmo de nos casar, inauguramos um pequeno empreendimento, uma loja de materiais evangélicos com livros, CDs, DVDs, Bíblias e outros produtos.

Para nós, o trabalho na loja era um presente de Deus. Como ministros de louvor, amantes da música de adoração e das coisas relacionadas ao Reino de Deus, era gratificante estar em contato com as novidades nessa área. Fazer compras para abastecer a loja com as melhores novidades, organizar a disposição dos produtos, conversar por horas a fio com os irmãos que nos visitavam, tudo gerava em nós a sensação maravilhosa de pertencimento, de fazer parte do cenário cristão.

Foi nessa perspectiva que surgiu a oportunidade de organizarmos um show em nossa cidade. Parecia uma porta aberta por Deus, e, por um tempo, acreditei que fosse. Um conhecido se propôs a nos ajudar na organização do evento em que levaríamos uma banda famosa na época. Nós nos comprometemos não só com a banda, mas com tudo que envolve uma grande apresentação musical. Poucos meses antes da realização do festival, por uma fatalidade, aquele homem faleceu.

Ele era uma pessoa íntegra e temente a Deus, com uma boa reputação e muitos contatos. Além da tristeza pela perda do amigo, tivemos de lidar com a ausência de investimentos que seu apoio agregaria à realização do show. Sem a ajuda dele, ficamos sem os recursos esperados e necessários para cobrir todas as despesas relativas ao evento. O que já estava ruim, ficou pior, pois o festival aconteceu, mas não teve um número bom de espectadores. O público foi infinitamente inferior ao esperado. Em poucos meses nos deparamos com uma situação que jamais imagináramos: estávamos endividados e sem dinheiro para honrar nossos compromissos.

A intenção do nosso coração não podia ser melhor. Queríamos ver a cidade recebendo um grande evento cristão. Em nosso pensamento contabilizávamos o número de salvos, a quantidade de pessoas tocadas pelo evangelho e o impacto que isso traria para a região. Planejamos com cuidado, e a banda convidada — uma equipe muito competente e reconhecida — seria perfeita para a ocasião. Fizemos tudo movidos pela vontade de agradar a Deus. No meu coração e no de minha esposa havia apenas o desejo genuíno e sincero de servir o nosso Senhor. Por que deu errado?

No decorrer dos anos, tenho aprendido que nosso relógio deve estar sincronizado com o relógio de Deus. Ele tem um tempo para todas as coisas, e, como diz a Bíblia, nem uma folha cai de uma árvore se não for da consciente vontade dele. Hoje sei que aquele tempo não era o tempo de Deus. Foi o nosso desejo, o nosso ímpeto e os nossos planos. Traídos por nosso coração enganoso, ficamos com uma conta muito alta para ser paga.

Tudo isso aconteceu pouco antes de eu me casar. Nossa loja era pequena e todas essas questões assumiram uma proporção ainda maior diante de um novo desafio: o nosso casamento.

Quase dois anos depois, em 1999, a situação continuava crítica. As contas acumulavam-se, e Paula, que é assistente social, foi trabalhar em dois empregos diferentes. Morávamos numa casa emprestada pela avó de Paula, que apesar de ser confortável e arrumada, era um abrigo provisório para nossa família.

Nossa situação era bem difícil. Eu me lembro de uma viagem que fizemos até Vitória em nossa velha Elba. A tranca do porta-malas, que era amarrada por um cabo improvisado, abriu no meio da estrada. Estávamos atravessando uma ponte quando parte da bagagem voou para fora do carro, junto com um ventilador que transportávamos.

Naquele ano recebemos em nossa igreja o ministro e pastor Daniel Souza. Foi durante o jantar com ele que lhe contamos sobre o endividamento causado pelo show que não deu o resultado esperado e que nos obrigou a negociar a loja de artigos evangélicos. Naquele momento estávamos sem direção. Não sabíamos o que seria de nossa vida, e isso nos inquietava. Ainda me lembro do que o Daniel nos disse: "Deus está removendo tudo na vida de vocês. Ele fará da casa de vocês uma casa de adoração."

Casa de adoração? Aquelas palavras não faziam o menor sentido. Eu queria mesmo uma resposta rápida e prática para o problema que vivíamos. Meu desejo era que ele ou alguém me dissesse: "Deus dará um emprego novo para vocês!", ou então: "O Senhor manda dizer que depositou uma boa quantia na conta-corrente de vocês. Paguem todas as dívidas e vivam bem!"

Mas os planos de Deus são insondáveis. Ele nos apontou sua promessa enquanto vivíamos no deserto. Ele nos falou sobre sua Canaã, a terra prometida, onde mana leite e mel. Só que, parafraseando o poeta, havia um deserto no meio caminho. No meio do caminho havia um deserto...

O que mais me incomodava naquele tempo não era o que não podíamos fazer devido às restrições financeiras. Isso nunca me perturbou. Se eu podia ter um carro sem tranca no porta-malas, ótimo. Se tivesse de andar a pé, tudo bem também. O que mais me castigava, como caminhar descalço sobre a areia quente, era ter o nome comprometido.

Como já disse, meu pai sempre foi um homem muito honrado na cidade. Para mim, que convivi com esse exemplo, era constrangedor ter o nome sujo, cheques devolvidos na praça e credores à minha espera. Durante um bom tempo após a venda da loja não tive coragem de passar pela rua onde ela ficava. Sempre que meu caminho me obrigava a passar na região, eu desviava pela rua de cima ou pela rua de baixo. Aquilo me causava uma grande frustração. Sentia-me incapaz.

Além disso, como era incômodo receber a ligação da gerente do banco me avisando: "Senhor Fernando, sua conta está sem saldo." Minha atitude, além de tentar quitar todos os compromissos, era diariamente levar minha ansiedade em oração: "Deus, o Senhor conhece meu coração. Sabe que não sou pilantra nem caloteiro."

Dívida é uma droga

Minha experiência tornou evidente que toda essa complicação financeira que se abateu sobre nós, esse deserto econômico foi causado por um impulso nascido tão somente em meu coração. Minha alma gerou um desejo e acreditei que ele seria também o desejo de Deus. Como eu estava enganado!

Assim como aconteceu comigo, muitas pessoas se aventuram seguindo seus próprios desígnios. Algumas sonham em comprar uma casa nova, um carro ou fazer uma viagem. Pensam que Deus vai confirmar seus projetos e seguem adiante, disparando cheques pré-datados, usando o cartão de crédito, parcelando dívidas em dezenas de prestações. Já cheguei a ouvir expressões como: "Compre na fé, irmão. Deus vai honrar." Como assim?!

Geralmente há boas justificativas para as dívidas. Há, por exemplo, o caso de pais que querem matricular os filhos nas melhores — e mais caras — escolas da cidade. Não há nada de errado nisso. É lícito que queiram dar a melhor educação às crianças, mas, infelizmente, algumas coisas custam dinheiro. E boa parte delas custa muito dinheiro. A imprudência ao adquirir bens pelos quais não se pode pagar gera problemas que podem se estender por muito tempo, às vezes, por toda a vida.

O erro é apressar-se em determinada direção e agir equivocadamente, sem aguardar o tempo de Deus. Nosso Senhor nos convida a ouvir sua voz, a esperar até que ele nos mostre o caminho. Para isso é necessário que estejamos dispostos a confiar nele. O Senhor não brinca de esconde-esconde com seus filhos, nem tem prazer em confundir quem o segue. "Se algum de vocês tem falta de sabedoria, peça-a a Deus, que a todos dá livremente, de boa vontade; e lhe será concedida", é o que registra Tiago 1:5.

Em nossa caminhada temos aconselhado diversos casais. E, quando o assunto é a situação financeira, somos até bem chatos: se não pode, não compre. Dívida é um vício, uma droga. A pessoa vai consumindo e consumindo cada vez mais, e acaba por fazer dívidas sobre dívidas para pagar o próprio endividamento. Quanta gente por aí coleciona cartões de crédito, sem deixar de comprar e comprar. Vive choramingando os dígitos negativos do cheque especial, mas não deixa de gastar com roupas da moda ou caros aparelhos de tecnologia. Vaidade, já dizia o sábio Salomão, apenas vaidade.

Dou graças a Deus todos os dias por minha esposa. Paula é uma mulher incrível, dona de um coração simples. Ela nunca me pressionou para adquirirmos algo além de nossas condições financeiras. Jamais se amargurou ou se lamentou por não comprar uma roupa de grife ou um eletrônico da moda. O foco dela sempre foi o bem-estar de nossa família, e ela faz isso como ninguém. Posso afirmar com convicção que Paula edifica nossa casa com muita sabedoria.

Apenas recentemente adquiri um desses *smartphones*, mas durante anos vivi sem celular. Não há problema algum nisso. Não é um bem material que torna uma pessoa melhor ou pior. O que conta é o caráter, a integridade diante de Deus. Ter o coração simples nos ajudou durante os momentos de crise.

Hoje nossa vida é, sem dúvida, muito mais confortável do que há 15 anos. E por isso, se necessitamos comprar um bem que custe caro, compramos. Mas não temos isso como objetivo de vida. Não gastamos dinheiro de forma inconsequente. Esse foi um dos aprendizados do nosso deserto financeiro. Aprendemos a lidar com o dinheiro que ganhamos hoje. Se não tivéssemos passado por privações, pela vergonha de ter cobradores na porta, de pedir empréstimos, de aceitar doações, jamais entenderíamos o valor de cada conquista.

"Tua beleza enche este lugar"

Quando vivemos momentos de aflição queremos um sinal de Deus. Ansiamos por uma resposta imediatista que nos salve do inóspito deserto. Pode ser um caminho, um riacho, uma nuvem ou uma brisa úmida. Tanto faz. Precisamos ter nossa fé reforçada e queremos que a voz do Senhor se faça ouvir em alto e claro som. Mas, para nossa decepção, nem sempre isso é o que acontece.

Minha experiência foi ouvir a resposta de Deus por meio de sua beleza e sua perfeição. Já estávamos no final de 1999 e ainda não sabíamos o que fazer. Lutávamos para honrar os compromissos e também aguardávamos a chegada do nosso primeiro filho. Paula estava grávida, e Asafe nasceria em maio do ano seguinte. Ser um cantor, um ministro e viver disso não estava nos meus planos. Esse Fernandinho ainda estava sendo construído.

Dois dias depois do nascimento de Asafe, consegui um emprego como vistoriador de veículos no Departamento de Trânsito de nossa cidade. Vestia o jaleco e dava o melhor de mim no trabalho, esperando que Deus me apontasse o caminho a seguir. Foram dias angustiantes, e num desses momentos de inquietude escrevi minha primeira canção, "Formoso és".

Eu estava no carro, esperando pela Paula e senti um desejo de orar. Coloquei diante de Deus minhas ansiedades, meus temores, meus sonhos, e a resposta brotou em meu coração e escorregou em versos por meus lábios: "Formoso és, formoso és, tua beleza enche este lugar." Eu nunca havia escrito nenhuma canção, mas senti que Deus queria falar comigo daquela maneira. Paula chegou e juntos começamos a desenvolver o restante da composição. Em seguida fomos até a casa de meu pai, onde pegamos um gravadorzinho que ele, como bom pregador e evangelista, guardava para registrar algumas ideias e mensagens. Então nós cantamos:

Formoso és, formoso és,
Tua beleza enche este lugar.

Quero te ver face a face
Assim como Moisés,
Encher-me de alegria
Assim como Davi.

Dançarei diante de ti, Senhor,
Pois tua presença toma o meu ser;
Cantarei diante de ti, Senhor,
Pois tua presença toma o meu ser.

Hoje entendo que Deus queria me mostrar que, para superar aquele deserto, aquela falta de dinheiro e de respostas, eu não deveria me concentrar nas coisas terrenas. Deveria olhar para a beleza do Senhor. Meu foco não poderia ser uma busca desesperada para alcançar a prosperidade, mas sim descansar em Deus, desfrutar de sua presença, como Moisés. Regozijar-me como Davi, cantar salmos, escrever poemas, viver alegremente ao lado do Senhor. Enfim, ele me convidava a repousar à sombra de suas asas.

Nessa ocasião, já era grande o meu envolvimento com o ministério de louvor, e já havíamos realizado dois congressos sobre adoração na igreja. Nossa congregação estava vivendo um tempo novo. Nosso pastor abriu todas as possibilidades para novas experiências e foi então que comecei a trabalhar em meu primeiro CD, lançado em 2001, que levou o título daquela primeira canção, *Formoso és*. Nos anos seguintes gravamos o primeiro CD da igreja, *Somos um*, título de mais uma das canções que o Senhor me deu.

Hoje, olhando para trás, percebo que durante um tempo eu clamei ao Senhor por respostas, que me vieram como parábolas. Minha casa, "uma casa de adoração". Minha inquietude virou uma certeza: "tua beleza enche este lugar". Esses sinais tranquilizaram meu coração e minha alma.

"Faz chover, Senhor Jesus"

Em 2003 lançamos o primeiro CD ao vivo que trazia a música "Faz chover". Quando o CD estava ainda sendo preparado, mas toda a igreja já cantava quase todas as músicas, José Inácio, que era vice-presidente e diácono de nossa igreja, sofreu um infarto num domingo à noite, às vésperas do congresso que promovíamos anualmente. Quanta expectativa para aqueles próximos dias!

Na segunda-feira pela manhã, recebemos a notícia de que José Inácio chegou a ser dado como morto, segundo o médico que o atendeu. Porém, Deus fez um milagre! Depois de instantes sem vida, aquele homem voltou a respirar. Com essa experiência, Deus me deu a canção "O meu Deus é soberano" que acabou entrando no CD *Faz chover*. A letra diz: "Se o meu coração parar de bater, ele sopra em minhas narinas e me traz de volta à vida."

José Inácio voltou a viver e contribuiu muito, assim como outros irmãos, para a chegada desse CD. Eu e Paula não tínhamos nem como pensar em produzir mais de mil cópias, mas ele, incansavelmente, buscou formas de nos ajudar. Desse modo, conseguimos fazer 2 mil exemplares de *Faz chover*.

Os CDs chegaram numa sexta-feira e no domingo a tiragem estava esgotada. Gravamos o DVD no final daquele ano e tivemos a alegria de contar com a participação da cantora Fernanda Brum e de seu marido, Emerson Pinheiro. Ele, mais tarde, participaria também do álbum *Abundante chuva*, gravado em 2005.

O ano de 2003 foi bem diferente dos anteriores e cheio de novidades. O CD/DVD *Faz chover* vendeu mais de 1 milhão de cópias, e a música que dá título ao trabalho é cantada ainda hoje como se fosse nova:

Assim como a corça anseia por água, como terra seca precisa da chuva,
Meu coração tem sede de ti, Rei meu e Deus meu.
Assim como a corça anseia por água, como terra seca precisa da chuva.
Meu coração tem sede de ti, Rei meu e Deus meu.

Faz chover, Senhor Jesus,
Derrama chuva neste lugar.
Vem com teu rio, Senhor Jesus,
Inundar o meu coração.

São muitas histórias e testemunhos que ouvimos de homens e mulheres que foram saciados por essa chuva e inundadas por esse rio: pessoas salvas, vidas transformadas, casamentos refeitos (como conta o clipe da canção e pode ser visto no YouTube), relacionamentos restaurados e ministérios renovados. Não programamos nada disso, tudo foi Deus que fez.

Em 2004 o ministério estava repercutindo em todo o país e grandes gravadoras entravam em contato conosco e nos faziam propostas, porém, ainda duvidávamos de que a música seria mesmo nosso futuro. Nessa época Paula não tinha apenas dois empregos. Agora eram três, porque além de tudo ela cuidava da minha agenda e era vocalista no ministério. Eu queria que ela deixasse tudo e ficássemos de forma integral cuidando apenas do ministério. Foi quando Deus falou com ela.

Durante um dos cultos em nossa igreja recebemos a visita do grupo de teatro Jeová Nissi, um ministério muito atuante no Brasil, que tem anunciado o evangelho por meio das artes cênicas. Paula estava ainda confusa sobre que caminho seguir e pensava: "Será que teremos o suficiente para viver? Como vou deixar meus empregos?" O drama era ainda maior porque ela amava o que fazia e sempre trabalhou na área social com um coração entregue e um espírito cristão. Por vezes, além de levar cestas básicas, ela orava com as famílias e intercedia por elas.

Quando o Jeová Nissi visitou nossa igreja ela quis dar uma oferta mais substancial ao grupo, mas não tínhamos muito dinheiro. Ela orou em secreto a Deus e recebeu como resposta um sinal. Sem mais nem menos, um irmão a procurou com um envelope em mãos. Ele disse: "Deus me mandou entregar isso para vocês. Não sei o porquê, mas foi Deus quem tocou em meu coração." Dentro havia cem reais. No final de semana seguinte aconteceu a mesma coisa, dessa vez outra irmã a encontrou nos corredores da igreja com o envelope. Dentro dele, outra nota de cem reais.

Aquele dinheiro não se destinava a nós. Não precisávamos dele para custear nossas despesas. Porém, com ele poderíamos ofertar ao grupo de teatro, conforme o desejo que havia no coração dela. Receber aqueles envelopes foi como se Deus a tranquilizasse. Era o Senhor mostrando que cuidaria de tudo em nossa vida, não só das necessidades mais básicas, como também de preocupações como a de poder contribuir com outro ministério.

Deus nos mostrava que no deserto ele faria cair o seu pão, o maná. De onde não havia nenhuma esperança ele traria um pão, inédito em toda a história, para alimentar e comprovar que estaria cuidando amorosamente de seu povo. A história do maná é bem interessante e gosto muito de recorrer a ela. Deus fez chover sua bondade sobre o povo hebreu. Ele providenciou um café da manhã diário no deserto. Ninguém esperava por aquilo, nem mesmo sabia que alimento estranho era aquele. E, diante das muitas dúvidas, Moisés explicou: "Este é o pão que o SENHOR lhes deu para comer" (Êxodo 16:15). Eu me sinto como se recebesse esse presente de Deus. Uma provisão que apareceu no lugar mais improvável, no deserto mais inóspito e que se renova todos os dias. Uma prova incontestável do cuidado do Senhor.

Aos poucos a situação financeira começou a melhorar, conseguimos quitar as dívidas, mas meu coração ainda precisava de cura. A certa altura vi que estava no momento de comprar um carro novo, que proporcionasse mais conforto à minha família. Apareceu um bom negócio enquanto eu estava viajando, em São Paulo, e precisava resolver as questões da transferência. Foi quando recebi um telefonema da gerente do banco — a mesma pessoa que cuidava da nossa conta no período das grandes privações. Ela me disse: "Fernandinho, eu sempre soube que você é um homem honrado. Fique tranquilo que liberaremos tudo por aqui. Quando retornar você assina o que for preciso."

O fato de ouvir da mesma gerente que me ligava para informar a falta de saldo que ela sempre acreditou em mim e nas boas intenções do meu coração foi um consolo dado por Deus. Ele sabia que, para mim, não bastava apenas limpar o meu cadastro e ter o meu crédito restituído. Também era importante saber que o meu nome, Fernando, era respeitado. Ele não quis que eu me preocupasse mais com isso.

Medo e dúvidas

Infelizmente não temos hoje notícias de manás chovendo sobre os desertos. Pelo menos, não literalmente falando, tal como aconteceu com Israel. Porém, um fenômeno comum e que pode ser visto ainda nos dias de hoje são as tempestades de areia. Ondas de poeira erguidas pelo vento, num movimento violento e assustador acabam com qualquer pedacinho de visibilidade em poucos segundos. Há muitas orientações sobre o que fazer e o que não fazer diante de uma tormenta desse tipo, mas as principais são: proteja os olhos e procure rapidamente um refúgio.

Já me vi assolado por essas tempestades algumas vezes. Provavelmente você também. Qualquer ação precipitada pode se revelar um perigo adicional. Um motorista que continue guiando seu carro no meio da nuvem de areia certamente não estará seguro. Tudo o que se deseja é um abrigo e a lucidez necessária para chegar ao fim da travessia.

Nessas situações, nossa insegurança é legítima. É natural que o medo percorra nossos pensamentos, que algumas dúvidas brotem e sequestrem nossa alma. Já ouvi muitos testemunhos de pessoas que por pouco não cederam à tentação de optar por caminhos mais fáceis, porém desonestos ou antiéticos. Não é à toa que a Bíblia registra:

> Não me dês nem pobreza nem riqueza; dá-me apenas o alimento necessário. Se não, tendo demais, eu te negaria e te deixaria, e diria: "Quem é o SENHOR?" Se ficasse pobre, poderia vir a roubar, desonrando assim o nome do meu Deus.
>
> *Provérbios 30:8-9*

Possuir muitas riquezas pode corromper o homem, incutindo nele a diabólica ideia de que é poderoso e independente de Deus. Ele corre o risco de acreditar que seus músculos são de aço e seus olhos blindados, tal qual o automóvel que ele comprou na concessionária de luxo. Não ter dinheiro suficiente, por sua vez, é corrosivo da mesma maneira. Faz mal e pode corromper a pessoa com a mesma intensidade. O pai ou a mãe que vê os filhos famintos, por exemplo, fará qualquer coisa para conseguir o recurso necessário para alimentá-los. Quando a necessidade e a vergonha fazem morada, os olhos ficam cegos. O livro de Provérbios dá, tanto ao acúmulo de bens quanto à privação e à ausência extrema de posses, o mesmo grau de importância.

Quando me sinto envolvido pela nuvem de areia e não vejo solução aparente, procuro refúgio neste texto:

> Não se preocupem com a própria vida, quanto ao que comer ou beber; nem com seu próprio corpo, quanto ao que vestir. Não é a vida mais que comida, e o corpo mais importante que a roupa? Observem as aves do céu: não semeiam nem colhem nem armazenam em celeiros; contudo, o Pai celestial as alimenta. Não têm vocês muito mais valor do que elas? Quem de vocês, por mais que se preocupe, pode acrescentar uma hora que seja à sua vida?
>
> Por que vocês se preocupam com roupas? Vejam como crescem os lírios do campo. Eles não trabalham nem tecem. Contudo, eu digo que nem Salomão, em todo o seu esplendor, vestiu-se como um deles. Se Deus veste assim a erva do campo, que hoje existe, e amanhã é lançada ao fogo, não vestirá muito mais a vocês, homens de pequena fé? Portanto, não se preocupem, dizendo: 'Que vamos comer?' ou 'Que vamos beber?' ou 'Que vamos vestir?' Pois os pagãos é que correm atrás dessas coisas; mas o Pai celestial sabe vocês precisam delas. Busquem, pois, em primeiro lugar o Reino de Deus e a sua justiça, e todas essas coisas serão acrescentadas a vocês. Portanto, não se preocupem com o amanhã, pois o amanhã trará suas próprias preocupações. Basta a cada dia o seu próprio mal.
>
> *Mateus 6:25-34*

Quando atravessamos o lugar da solidão, do medo, da seca e da fome, precisamos nos lembrar de que é do Senhor que vem nossa provisão — e não do cartão de crédito ou do cheque especial, e muito menos dos agiotas e espertalhões com suas propostas tentadoras. É em Deus que devemos depositar nossa fé — e não numa ideia genial, nem mesmo nas boas intenções ou nos investimentos corretos. É no Senhor que encontramos a fonte que nunca seca; mananciais e rios que jamais serão interrompidos. Como diz aquela antiga canção, "segura na mão Deus, pois ela te sustentará".

Nem sempre é deserto

Nesse ponto, é preciso fazer uma importante ressalva. Há muitas pessoas que entram num caminho de dor, amargura e aflição por não possuírem o que acreditam merecer. Vivem numa corrida surreal que, infelizmente, tem tomado também corações e mentes nos arraiais cristãos. São homens e mulheres que querem enriquecer a qualquer custo e se esquecem da advertência explícita de 1Timóteo 6:10: "O amor ao dinheiro é a raiz de todos os males. Algumas pessoas, por cobiçarem o dinheiro, desviaram-se da fé e se atormentaram com muitos sofrimentos."

Um caso interessante ocorrido na Inglaterra ilustra bem o que estou querendo dizer. Uma jovem recebeu da loteria um prêmio milionário. Convertido para nossa moeda, seria de quase 6,5 milhões de reais — dinheiro suficiente para ajeitar a vida da maioria das pessoas. Mas não foi o que aconteceu com essa moça. Ela sentiu-se tão poderosa que gastou o dinheiro em cirurgias plásticas, festas e drogas. Casou-se, divorciou-se e tentou o suicídio por três vezes.

Quando sua conta bancária acusou que o dinheiro tinha acabado, foi que ela se deu conta do que viveu e do que perdeu. Reorganizou sua vida e hoje afirma que nunca foi tão feliz, com um saldo bancário de apenas seis mil reais, tudo o que lhe restou. Ela não está sozinha. Há casos e casos semelhantes, inclusive aqui no Brasil, de gente que se perdeu ao conseguir alcançar a tão almejada prosperidade.

Apesar desses exemplos, muitas pessoas vivem perturbadas em busca de um *glamour* entorpecente. Querem possuir bens e ser reconhecidas como bem-sucedidas na sociedade. Para elas, o grande objetivo na vida é a vitória — e vitória, no caso, significa ter, ter e ter. Possuem uma vida de vitrine e se afligem quando não conseguem comprar uma bolsa nova, o sapato que estão usando por aí, o tal do aparelho celular ou os equipamentos de informática de última geração. Querem viajar para o exterior e postar as fotos nas redes sociais o mais rápido possível, pois sem isso a vida não faz sentido.

Não é difícil encontrar entre os que vivem dessa maneira aqueles que ficam aborrecidos ou frustrados porque não acontece com eles o que ouvem por aí a respeito de gente que dizimou, ofertou, consagrou, desafiou e tantos outros verbos que são complementados por "e ficaram ricos". Essa visão distorcida dá a impressão de que a situação é a de um deserto, quando na verdade não passa de um equívoco lamentável, provocado pela própria ambição desmedida.

Li e reli os evangelhos. A Bíblia é minha companheira desde a infância e em nenhum momento encontro Jesus Cristo prometendo uma vida de riquezas e facilidades. A verdade é que a nossa vida se parece com a superfície da terra — cheia de montanhas elevadas e de vales profundos, de períodos de chuva e de seca, de desertos e de mananciais.

Fico assustado e triste por ver que, para alguns, muito do que se entende ser o evangelho de Jesus é fundamentado numa ideia de barganha com Deus ou na expectativa de uma vida confortável e longe de dramas como a falta de dinheiro. Realmente não vejo Deus como um meio para realizar meus sonhos e projetos ambiciosos, muito menos entendo que a casa dele seja como um banco de investimentos, no qual deposito um recurso com a intenção de recebê-lo devidamente multiplicado.

Para alcançar provisão, não precisamos realizar sete domingos de oração, nem adquirir chaves, tijolos ou lenços ungidos. Não é necessário dar cem esperando receber mil ou mil pensando em cem mil. Basta cumprir o que a Bíblia ensina que é buscar o Reino de Deus e sua justiça. Quem anda desesperado em busca de passos para enriquecer são aqueles que não amam e nem seguem a Cristo. Nós, os cristãos, temos de ser diferentes. Devemos buscar a vontade do Senhor para nossa vida, ao mesmo tempo em que anunciamos a sua justiça.

Vemos muitas coisas esquisitas nos dias atuais, muitos sacrifícios de pessoas que querem conquistar a riqueza nesse mundo. Alguns líderes prometem "desencapetar", "desamarrar" e "liberar" toda a riqueza. Ouvem-se até teorias sobre a riqueza de Jesus. Algumas pregações que transformam o homem de Nazaré num empresário do setor moveleiro. Já vi gente afirmar que o jumentinho usado por Jesus durante a entrada triunfal em Jerusalém seria semelhante a um carro importado dos tempos modernos, como esses que conduzem celebridades e autoridades.

A coleção de desvios ou desvarios é extensa. Há pessoas que participam de campanhas em que chutam um boneco como se chutassem a miséria para longe. Entregam todo tipo de suvenir, como miniaturas de carneiro; fitas promovem até mesmo o "batismo da prosperidade". Por trás da placa de "entrada franca", há um preço caro a pagar em troca do favor dos céus.

Quando Deus nos fala sobre provisão, a conversa tem outro tom, outro ritmo. Preste atenção às palavras de Jesus: "Não se preocupem", "observem as aves do céu, os lírios dos campos". Deus cuida de nós. Não está nos planos divinos encher o nosso bolso de dinheiro — ele veio nos salvar. Deus não está incomodado se você tem um automóvel importado — ele promete que nada vai lhe faltar.

Foi isso que Davi percebeu ao escrever o belo e pedagógico salmo 37: "Já fui jovem e agora sou velho, mas nunca vi o justo desamparado, nem seus filhos mendigando o pão" (v. 25). Mas se a grama do vizinho parecer tão mais verde que a sua, Davi recomenda: "Não se aborreça por causa dos homens maus e não tenha inveja dos perversos; pois como o capim logo secarão, como a relva verde logo murcharão" (vv. 1-2). E se você temer pelo seu futuro, o rei de Israel, o homem considerado "segundo o coração de Deus", ensina: "Melhor é o pouco do justo do que a riqueza de muitos ímpios; pois o braço forte dos ímpios será quebrado, mas o Senhor sustém os justos. O Senhor cuida da vida dos íntegros, e a herança deles permanecerá para sempre. Em tempos de adversidade não ficarão decepcionados; em dias de fome desfrutarão fartura" (vv. 16-19).

É claro que o cristão pode ser rico. Pode ser um empresário milionário, um pregador de sucesso ou um banqueiro. Não é esse o problema. A prosperidade faz parte da vida e é consequência natural de algumas atitudes. Você será próspero se trabalhar com vontade e dedicação e for zeloso no cumprimento das obrigações, e se, além disso, cumprir com fidelidade o ensinamento das Escrituras e devolver seu dízimo e sua oferta, pedindo sabedoria e orientação a Deus. Não existe uma receita mágica.

Penso que o espaço ocupado nas grades de TV pelos evangélicos deveria ser preenchido com o tema mais relevante das Escrituras: o arrependimento genuíno que conduz à salvação. Foi com essa mensagem, que João Batista surgiu. "Arrependam-se, o Reino dos céus está próximo", clamava ele no deserto. Arrepender-se implica negar a si mesmo, carregar a cruz, oferecer a outra face e andar uma légua a mais. Foi isso que Jesus Cristo ofereceu a seus discípulos quando disse "siga-me".

Confesso meu incômodo com esse destaque da cultura de prosperidade e riqueza, pois me pergunto sempre: Onde foi parar aquele evangelho que mudou o mundo? Foi transformado numa fórmula de como enriquecer? A mensagem de Jesus foi resumida a uma campanha de prosperidade? Não consigo aceitar isso.

***

A voz de Deus se faz ouvir no deserto

Não estive sozinho enquanto atravessava meu deserto financeiro. Meus pés ainda estavam cobertos de poeira, o sol escaldava meu rosto e a garganta secava quando ouvi a promessa do Senhor de fazer da minha casa uma casa de adoração. A promessa de Deus é um sinal de vida. É o fôlego de que precisamos e meu conselho é que você beba e coma da Palavra.

No deserto é comum surgirem questionamentos. Eu me perguntava sempre: "Por que o meu empreendimento não deu certo? Por que tanta vergonha e privação?" Encontro uma pista em Ezequiel 20:10: "Eu os tirei do Egito e os trouxe para o deserto." Não foi um acidente, um acaso. Posso ter enfiado os pés pelas mãos, mas bem antes de tudo acontecer, o meu itinerário já estava nos livros de Deus.

O tempo no deserto serviu para me aperfeiçoar. Pude me submeter aos ensinos do Senhor e assistir a suas maravilhas, como a provisão na dificuldade. Muitos testemunhos que ouço são parecidos com a minha história. São muitos os milagres: irmãos que atravessaram períodos difíceis e que receberam ofertas anônimas; cestas de compras que amanheceram na porta de uma família, mesmo sem que ninguém soubesse de sua necessidade. Deus age de muitas formas e seu real propósito é nos conduzir à Canaã celestial.

Pedro também não entendeu quando Jesus se pôs a lavar os pés dos seus discípulos e protestou, indignado: "Nunca lavarás os meus pés!" O Mestre, então, ensinou: "Você não compreende agora o que estou lhe fazendo; mais tarde, porém, entenderá." "Mais tarde" tem feito muito sentido em minha vida. Da mesma forma que hoje posso compreender coisas que no passado me pareciam loucura, também tenho mais tranquilidade em saber que "mais tarde" tudo fará sentido.

Houve uma mulher na Bíblia chamada Agar. Era serva de Sara, a esposa do patriarca Abraão. Quando Sara já não acreditava que a promessa de Deus de que ela geraria filhos se cumpriria, colocou Agar à disposição do marido para que a linhagem da família prosseguisse. Foi o que aconteceu. Abraão deitou-se com Agar, que engravidou. Tempos depois Sara também engravidou e uma animosidade passou a existir entre as duas mulheres.

O desfecho dessa história, registrada em Gênesis 21:8-21, foi a expulsão da serva e de seu filho, Ismael, da casa do patriarca. Os dois perambularam pelo deserto de Berseba, até que os mantimentos e a água acabassem. O desespero de Agar era tamanho que ela deixou o pequeno Ismael sob um arbusto e afastou-se para não ver o menino morrer. Foi nesse momento que Deus enviou um anjo para transmitir a promessa de Deus: "Farei dele um grande povo."

É verdade que os desertos possuem temperaturas altíssimas durante o dia e baixíssimas à noite. Também é certo que lá as tempestades de areia são comuns. A monotonia da paisagem pode ser uma armadilha. O calor e a falta de sombra e de água castigam de forma cruel. Mas o deserto é também um lugar de encontro com Deus.

Em Oseias 2:14 o Senhor fala por meio do profeta o seguinte: "Agora vou atraí-la; vou levá-la para o deserto e falar-lhe com carinho." É essa voz que devemos procurar escutar no deserto. Ela nos salvará.

CAPÍTULO 8

Sonhos maiores do que os meus

Sempre que tenho algum compromisso na cidade do Rio de Janeiro e me hospedo em determinado hotel, aciono os serviços do mesmo taxista, o senhor Mosemius Barcellos. Ele é um homem que ama sua cidade e conhece muito bem suas ruas, restaurantes, pontos turísticos e atalhos. Possui um conhecimento como poucos colegas em sua profissão.

Além disso, ele é um cristão. Percebo nele um irmão com o coração temente a Deus. Gosto muito de atravessar a cidade a bordo de seu táxi. E, quando isso ocorre, costumamos conversar sobre as coisas do Reino de Deus e os sonhos que temos em nosso coração. Meu amigo taxista é um homem de bom humor, gentil e, com 61 anos, está sempre sorrindo. Mas o sonho dele às vezes lhe tira a paz e o sono: ele quer ver toda a sua família salva em Cristo.

Não foram poucas as ocasiões em que ele me olhou pelo retrovisor, com lágrimas nos olhos, pedindo que eu o ajudasse a interceder por sua família. O senhor Barcellos costuma falar dos filhos com um amor que só quem é pai pode sentir. O desejo de sua alma é ver todos eles convertidos e, por isso, não se cansa de buscar a Deus, seja nos cultos de sua igreja, seja durante as corridas pela cidade maravilhosa.

A história dele e de mais duas pessoas, um surfista e uma dona de casa, está na abertura do DVD *Teus sonhos*. Millen Jorge, o surfista de 30 anos, conta que sempre sonhou em viajar pelo mundo em busca da onda perfeita. Acreditava que passaria a vida sobre uma prancha, até ter um encontro com Cristo, aquele mesmo que andou sobre as águas no mar da Galileia. Desde então seu foco mudou. Hoje o que ele mais quer é repartir com todos ao seu redor o amor que descobriu em Jesus.

A dona de casa de 34 anos, Marcelle Bianchi, tem um filho autista. Como era de se esperar, ela sofreu bastante quando soube do problema de saúde de seu garotinho e dos enfrentamentos que toda a família teria de vencer. Seu sonho não mudou desde a gestação. Ela continua desejando a felicidade de seu filho. É claro que, quando grávida, ela tinha uma expectativa sobre a maternidade. Pensava que a vida tomaria alguns rumos diferentes dos quais tomou. E ela precisou aprender a lidar com os desafios e superá-los. Apesar de toda luta, Marcelle tem nos olhos o brilho da esperança e diz que seu maior sonho é transformar o mundo.

Fiz questão de ter esses três depoimentos na abertura do DVD porque entendo que a forma como lidamos com os sonhos pode ser determinante sobre a maneira com que vivenciamos nossa fé.

Podemos viver de forma amargurada, sempre reclamando por não vermos algumas de nossas expectativas se concretizando. Nossa vida pode ser um mar de questionamentos, um cenário de frustração, vazio e triste. Mas existe alternativa. Em vez disso, podemos entender que nossos sonhos devem ser submetidos ao Senhor. Ele sabe o que é melhor para nós.

Talvez você já tenha lido o livro de Provérbios. Se não leu, eu o aconselho a colocar em suas prioridades a leitura desse manual do bem viver. Diz lá que "ao homem pertencem os planos do coração, mas do Senhor vem a resposta da língua." O texto continua desmascarando nossa ingenuidade quando afirma que "todos os caminhos do homem lhe parecem puros, mas o SENHOR avalia o espírito" e nos incentiva: "Consagre ao SENHOR tudo o que você faz, e os seus planos serão bem-sucedidos." Ao final, conclui: "O SENHOR faz tudo com um propósito" (Provérbios 16:1-4).

Eu já fiz e continuo fazendo muitos planos. E é saudável que desenvolvamos nossos sonhos. As pessoas elegem, de forma muito natural, aquilo que lhes dará mais felicidade, mais conforto. Pode ser uma viagem, um imóvel no campo, um curso de graduação ou a publicação de um livro. Apenas ressalto que todas as ambições sejam legitimadas diante do trono de Deus. A oração do pai-nosso nos ensina a pedir sempre: "Seja feita a tua vontade".

Quando peço algo a Deus, me submeto à vontade dele. Não tenho bola de cristal para prever o futuro, e o que hoje me parece ser uma grande oportunidade pode mudar com o passar do tempo. Minha limitação diante das circunstâncias me faz orar mais ou menos assim: "Senhor, eu gostaria muito disso, mas não posso ver o futuro. Não sei as consequências que isso teria em minha vida. Já o Senhor pode enxergar o que está por vir e mudar qualquer situação. Meus sonhos não são maiores do que o seu querer."

No ano de 2003, logo após gravar o CD *Faz chover*, minha vida passou por uma reviravolta e comecei a crescer muito do ponto de vista profissional. O ministério ficou mais robusto e, como havia dinheiro em caixa, coloquei em meu coração que faria um CD com hinos tradicionais. Pode parecer algo até banal, mas, como já disse aqui, Deus tem o tempo certo para seus planos.

Empolgado com a repercussão de *Faz chover*, liguei para Daniel Souza e compartilhei com ele o que tinha em mente. Expliquei como seria o CD, falei de quanto era importante para mim, já que remetia aos meus primeiros passos na fé, quando, ao lado do meu pai, evangelizávamos os lares. Listei as canções que havia escolhido, mencionei os arranjos que faria e quem chamaria para me ajudar. Eu não parava de falar, e o Daniel me ouvia pacientemente. Quando acabei, ele me disse: "Filho, mas você quer gravar esse CD porque pode e tem dinheiro para isso ou porque Deus está mandando?"

A Bíblia tem razão quando diz que a "resposta sincera é como um beijo nos lábios" (Provérbios 24:26). Quando ouvi aquilo do Dani, parei por um tempo. Realmente, a despeito de todos os meus argumentos, o que mais me encorajava a fazer aquele CD era minha condição econômica para realizá-lo. Porém, se eu podia confiar apenas no meu bolso e na minha capacidade técnica, então seria melhor esperar um pouco mais. Pelo menos até que o Senhor tocasse em meu coração e me mostrasse que essa era a suprema vontade dele.

Demorou um bom tempo até que isso ocorresse. O CD *Sou feliz* foi lançado apenas em 2011, com hinos da Harpa Cristã e do Cantor Cristão. Mas foi como o nome de uma das canções indica: uma "chuva de bênçãos". Gravar esse CD me proporcionou uma alegria enorme. Outro bom nome para ele seria "*Pais e filhos*", já que ilustra muito minha relação com meu pai. Ali estão algumas das músicas que ele cantava. São louvores que canto nos meus momentos devocionais, em minha casa ou enquanto dirijo. Pedi muito ao Senhor para ter a oportunidade de gravar esse disco. Orei por isso, era o desejo do meu coração. Por isso a sensação que tive quando consegui realizar esse sonho antigo foi tal como disse o salmista: "A nossa boca encheu-se de riso, e a nossa língua de cantos de alegria" (Salmo 126:2).

Sonhos adiados

Vivemos um tempo marcado pelo imediatismo. Somos como crianças mimadas que querem receber o presente de Natal ainda no mês de junho. Talvez os psicólogos possam explicar melhor essa característica humana atual. Ou mesmo os antropólogos, sociólogos e outros que estudam as mudanças de comportamento no decorrer dos anos. Não sou especialista nessas áreas, mas acredito que os meios de comunicação desempenham um papel importante nisso, que, no mínimo, deveria nos inquietar. Cada dia um anúncio novo me lembra que meu celular já não está mais na moda. Não faltam mensagens que me digam que para ser "top", eu preciso visitar esse ou aquele país, comer em determinados restaurantes, comprar aquele carrão ou morar em certo bairro. E, como diz a propaganda, a vida passa depressa. Se eu não tiver dinheiro, eles me emprestam. Afinal, são tantos sonhos. A casa própria, o carro do ano, a viagem para o exterior. Basta inserir o cartão na máquina e curtir o sonho agora mesmo.

Infelizmente, esse comportamento não se restringe à nossa vida em sociedade. Levamos essa ideia também para a nossa espiritualidade e para a forma como nos relacionamos com Deus. Não gostamos de esperar porque a espera provoca ansiedade. Não saber se o que planejamos vai dar certo gera angústia e não queremos gastar nosso tempo com incertezas. Como é difícil ficar tranquilo enquanto esperamos a resposta da empresa em que sonhamos trabalhar ou a aprovação do banco para o financiamento de um imóvel. A espera pela divulgação da lista de aprovados na universidade pode ser altamente estressante para o estudante e para toda a família.

Administrar bem a ansiedade equivale a admitir um fato contra o qual lutamos diariamente: não somos onipotentes diante da vida. Não é por acaso que as Escrituras trazem a explícita orientação: "Lancem sobre ele toda a sua ansiedade, porque ele tem cuidado de vocês" (1Pedro 5:7).

Ter paciência e saber que nossa vida está nas mãos de Deus pode nos ajudar a atravessar longos desertos. A Bíblia tem alguns personagens que ilustram essa verdade. Jacó precisou lidar com a astúcia do sogro e teve de trabalhar duro anos a fio até conseguir casar-se com a mulher que amava, Raquel. Esta, por sua vez, era estéril e também teve de esperar muito até realizar o sonho de ser mãe.

Outra história bastante conhecida é a de José do Egito, que já rendeu inúmeros sermões, virou filme, novela e inspirou uma porção de livros. José, um dos filhos que Raquel veio a ter, era um sonhador. Sua trajetória foi marcada por todo tipo de dificuldades, desde ser vendido como escravo pelos irmãos a ser lançado injustamente numa prisão. Porém, os sonhos de José estavam conectados aos sonhos de Deus, que viria a usá-lo para garantir a sobrevivência do povo hebreu numa época em que a fome assolou todo o mundo conhecido.

Uma das grandes lições que podem ser tiradas da vida desses três personagens — cujas histórias estão no livro de Gênesis e devem ser estudadas com cuidado e em todos os detalhes — é que Deus tem um propósito, um intento muito maior para cada um de nós em todas as situações. Algumas vezes o sonho é adiado e achamos que tudo se perdeu. Em certas ocasiões é necessário que anos se passem para que olhemos para trás e entendamos os caminhos que o Senhor nos fez percorrer.

Talvez nem mesmo o passar do tempo traga a compreensão dos desígnios de Deus, mas, uma coisa é certa: "Todas as coisas cooperam para o bem daqueles que amam a Deus, daqueles que são chamados segundo o seu propósito" (Romanos 8:28). Esse fundamento é transformador. Eu me lembro de uma vez em que me apresentei em São Paulo, numa grande casa de shows, e cantei "Mil cairão", uma das canções do CD e do DVD *Teus sonhos*. O refrão, inspirado no salmo 91, diz: "Mil cairão ao meu lado, dez mil cairão à minha direita. Mas, eu não! Nunca serei atingido." O som pesado e envolvente mobilizava todos. As pessoas dançavam, erguiam as mãos e cantavam com o auxílio da letra projetada num telão enorme por trás do palco. Porém, naquele momento, Deus tocou meu coração.

Um turbilhão de pensamentos tomava conta da minha mente, enquanto eu tocava e cantava: "O que será que estas pessoas entendem sobre não ser atingido? Será que pensam que poderão passar incólumes pelo mundo? Quando cantam, estarão imaginando que Deus tem um atalho que passe distante dos desertos?" Não. Não foi assim com o autor do conhecido salmo. Não é assim comigo e também não será com aquelas pessoas que cantavam.

Por isso, no meio da canção, fiz uma ressalva. Eu precisava alertar aquelas pessoas de que, ainda que sejamos atingidos, não devemos temer: todas as coisas cooperam para o nosso bem. É Jesus quem nos dá plena garantia disso, ele, que venceu a morte, o mais terrível dos desertos. Andar com Jesus e submeter nossos desejos e vontades ao querer dele é lançar-se na incerteza dos fatos, mas agarrar-se à convicção da fé.

A única opção e também a melhor

Isso me faz lembrar da história de Simão Pedro e André. Jesus tinha começado recentemente seu ministério. Passou pelo batismo nas águas e o tempo de provação e preparo no deserto. Foram quarenta dias em jejum, período em que recebeu a visita de Satanás. Agora o Mestre começava a se articular e buscava pessoas sensíveis a sua grande missão.

Caminhando pelas areias do mar da Galileia, avistou dois jovens irmãos: André e Simão — que receberia o nome de Pedro. Pescadores, eles lançavam seguidamente suas redes ao mar, desde as primeiras horas do dia.

Imagino que nenhum dos dois pensava ou planejava viver uma vida diferente daquela. Talvez sonhassem em se aperfeiçoar, em possuir novas embarcações e ser pescadores melhores que seus antecessores. A vida era bem mais simples do que nos dias atuais. Os desejos e sonhos não vinham das antenas de televisão.

Por anos eles viram os pais e os avós tecendo redes e lançando-as nas águas. Eram homens do mar. Dominavam as técnicas de como dobrar a rede, desenrolá-la e atirá-la na direção dos peixes. Conheciam o movimento das nuvens e ventos e eram capazes de distinguir bem quando a maré não estava para peixe. Por outro lado, quando o tempo e o movimento das águas eram favoráveis, eles sabiam o momento certo de puxar o equipamento do mar e retirar o máximo de peixes que conseguiam.

Por alguma razão que não sei explicar, Jesus deteve-se ali, diante daquela cena. Observou, não sei por quanto tempo, o movimento daqueles irmãos que se equilibravam em suas embarcações.

> Andando à beira do mar da Galileia, Jesus viu Simão e seu irmão André lançando redes ao mar, pois eram pescadores. E disse Jesus: "Sigam-me, e eu os farei pescadores de homens." No mesmo instante eles deixaram as suas redes e o seguiram.
>
> *Marcos 1:16-18*

Quaisquer que fossem os sonhos daqueles irmãos, os planos para o futuro, os objetivos financeiros, familiares, profissionais ou acadêmicos, todos eles ficaram ali, submersos nas águas do mar da Galileia, *no mesmo instante* em que ouviram o convite de Jesus. "Sigam-me" significava "Deixem suas prioridades, seus projetos, sejam eles quais forem. Esqueçam tudo e venham comigo".

Quando afirmamos ou cantamos "Eu quero Jesus", o que estamos dizendo na verdade é que nossa vontade está crucificada e que agora nossos sonhos não mais importam, e sim os de Deus.

Compus uma canção chamada "Já estou crucificado" que diz: "Já estou crucificado com Cristo, agora vivo não mais eu. Cristo vive em mim, aleluia!" A letra é marcante pois traz uma mensagem poderosa, baseada no que está escrito em Mateus 16:24: "Se alguém quiser acompanhar-me, negue-se a si mesmo, tome a sua cruz e siga-me."

Essas palavras de Jesus foram ditas a Pedro depois que o discípulo tentou demover o Mestre da ideia de que seria necessário padecer em Jerusalém e ser morto e ressuscitar. Em outro momento, o mesmo Simão Pedro havia definido com precisão o motivo de terem abandonado suas redes, seus barcos e suas histórias para embarcarem na missão de pescar homens e mulheres perdidos pelo mundo: "Senhor, para quem iremos? Tu tens as palavras da vida eterna" (João 6:68).

Seguir a vontade de Deus era tudo que aqueles homens poderiam fazer. Mas a única opção era também a melhor. Seguir Jesus, conhecê-lo e fazer a vontade dele superava a realização de qualquer sonho, por mais grandioso que fosse. Isso vale para nós hoje. Afinal, para onde iríamos se não fosse a bondade e a misericórdia do nosso Senhor e Salvador Jesus Cristo?

Boa, perfeita e agradável

Muitas vezes, algumas pessoas pensam sobre a vontade de Deus de maneira equivocada. Imaginam que os planos do Senhor são espinhosos, que o caminho com Cristo é dolorido, triste e insosso. Para elas, enquanto os ímpios se fartam em banquetes, aos cristãos resta uma vida resignada e a esperança de que num dia distante a mesa vai virar e eles também vão cantar e dançar. Essa ideia é maligna. Veja o que Jesus disse:

> Qual pai, entre vocês que, se o filho lhe pedir lhe pedir um peixe, em lugar disso lhe dará uma cobra? Ou se pedir um ovo, lhe dará um escorpião? Se vocês, apesar de serem maus, sabem dar boas coisas aos seus filhos, quanto mais o Pai que está no céu dará o Espírito Santo a quem o pedir?
>
> *Lucas 11:11-13*

Os sonhos de Deus para nós não são ruins. Tampouco são amargos ou sem graça. Nada disso. O que ele tem reservado para nós é algo excelente. Diz a Bíblia que "olho nenhum viu, ouvido nenhum ouviu, mente nenhuma imaginou o que Deus preparou para aqueles que o amam" (1Coríntios 2:9). Submeter-se à vontade Deus é a melhor escolha, mesmo quando os nossos planos não saem como queremos. Isso porque através da nossa nova consciência em Cristo podemos experimentar "a boa, agradável, e perfeita vontade de Deus" (Romanos 12:2).

Há muitos sinônimos para *boa* no nosso idioma. Podemos substituí-la por *misericordiosa, favorável, lucrativa, proveitosa, competente* ou *hábil*, só para citar alguns dos termos. Já a palavra *agradável* pode ser entendida como *deleitável, afável* ou *aprazível. Perfeita* vem do latim *perfectum* e significa *feito até o fim*. Algo definido como *perfeito* reúne todas as qualidades concebíveis e apresenta o mais alto grau na escala de valores. Deus é perfeito, assim como a vontade dele para você e para mim.

Os sonhos de Deus para nós são bons, agradáveis e perfeitos. Eugene Peterson, pastor, escritor e poeta norte-americano, traduziu essa conhecida passagem bíblica da seguinte maneira:

> Com a ajuda de Deus, quero que vocês façam o seguinte: entreguem a vida cotidiana — dormir, comer, trabalhar, passear — a Deus como se fosse uma oferta. Receber o que Deus fez por vocês é o melhor que podem fazer por ele. Não se ajustem demais à sua cultura, a ponto de não poderem pensar mais. Em vez disso, concentrem a atenção em Deus. Vocês serão mudados de dentro para fora. Descubram o que ele quer de vocês e tratem de atendê-lo. Diferentemente da cultura dominante, que sempre os arrasta para baixo, ao nível da imaturidade, Deus extrai o melhor de vocês e desenvolve em vocês uma verdadeira maturidade.
>
> *Romanos 12:1-2*, A MENSAGEM

Encontrar essa maturidade passa por entender que nosso Criador e Pai tem o melhor para nós. Definitivamente, os sonhos de Deus são maiores do que os nossos e os planos dele, perfeitos.

Seja o sonho de Deus

Quando saio de casa para ministrar em algum lugar, encontro multidões de pessoas com sonhos estampados no rosto. É fácil perceber como estão ansiosas por verem seus desejos e planos se concretizarem. Mas há também aqueles que já desistiram de sonhar, que jogaram a toalha depois de tantos sofrimentos e frustrações. As muitas lutas deixaram marcas e não resta mais nem coragem para levantar as mãos aos céus e confidenciar com Deus um projeto do coração. Existem ainda outros que estão ali porque querem descobrir uma forma de usar Deus para realizar seus sonhos.

Hoje em dia muitos falam do evangelho de Cristo como se fosse a história de um deus que anda em sua motocicleta apressadamente pelas ruas e avenidas da cidade. Esse *Jesus delivery* para diante das casas, retira os pedidos e corre para resolvê-los e entregar as soluções.

Há quem acredite que servir a Jesus é viver acima do bem e do mal. Frases como "Eu sou cabeça e não cauda", "Eu posso todas as coisas naquele que me fortalece, porque meu Deus é o dono do ouro e da prata", "Sou filho do dono do mundo" viraram uma espécie de mantra, e o Senhor da glória nada mais pode fazer a não ser obedecer quando vitórias são ordenadas e direitos são reivindicados. É como se Deus tivesse a obrigação de realizar o sonho de seus filhos.

Meu entendimento, porém, é outro. Eu sentiria vergonha de olhar para Deus com essa arrogância. Sei perfeitamente que tudo que tenho é pela graça. Não foi merecimento meu e sim bondade de Deus. Pensando nisso, olho para as multidões e seus sonhos à minha frente e penso: o que vale mais, a minha vontade ou a de Deus?

Muitas pessoas vão para os shows — que eu prefiro chamar de culto — com algumas expectativas do tipo: "Fernandinho vai cantar 'Faz chover' e vai chover dinheiro na minha conta corrente. Vai chover a concretização daquele sonho que tenho há sete anos." Ou então: "Ele vai cantar 'Uma nova história' e, de repente, minha vida mudará para melhor." Essas pessoas acreditam que quando eu cantar "Deus tem o melhor para mim", se elas fecharem bem os olhos, apertarem suas pálpebras com a maior força que conseguirem e cantarem bem alto, vão conseguir comover a Deus a realizar seus sonhos mais íntimos.

A vida não é assim, não existe uma varinha mágica. Tudo é um processo. A Bíblia diz que Deus levou seis dias para completar a criação. Fez surgir cada dia, uma coisa. Deus nos fez à imagem e semelhança dele e, por isso, devemos aceitar que Deus nos quer levar e nos colocar em um processo.

Mas resistimos a essa ideia. Queremos instantaneidade. Tiramos uma foto e temos o resultado na hora, pedimos comida por telefone e não precisamos aguardar mais que 15 minutos, falamos com alguém em qualquer lugar do mundo a qualquer momento do dia. Por que com Deus seria diferente? Parece que a indústria que vende para os cristãos percebeu isso e desenvolveu uma fórmula *fast-food*.

Vou dar um exemplo. Em muitos casos, não é mais a igreja que prepara, autoriza e envia seus ministros ou missionários. Isso levaria um bocado de tempo e dedicação. Pode ser trabalhoso e cansativo esperar ser autorizado por uma igreja local, criar vínculos e ser admoestado. Não temos tempo para isso. *Time is money, baby.*

A alternativa mais prática é promover um concurso de calouros na tevê. Daí a pessoa com a melhor voz, que chora e faz as outras pessoas se arrepiarem é escolhida. Chamamos de unção a comoção que não conseguimos explicar. Então a indústria, regida pelo deus dinheiro, o deus Mamon, autoriza e envia seus ministros mais rentáveis.

Você se lembra de que os salmos eram frutos da experiência de fé de seus autores? Eles escreviam o que viviam, não o que seria mais facilmente digerido pelo mercado.

Em busca do sucesso rápido algumas pessoas pensam: "Vamos fazer uma música como o Fernandinho ou como outro cantor. São as canções que vendem bem. E vamos chamar tal produtor, ele é o cara." Está dado o primeiro passo para a música que não é fruto de vivência com Deus, mas apenas um "produto" enlatado que a indústria joga no mercado que chamam de igreja.

A Igreja, por sua vez, está com fome. Ela deseja o que estão oferecendo porque aquilo lhe foi incitado de alguma forma. Então ela precisa daquele produto que vai alimentar os sonhos e os anseios de conquistar a vitória, vai, ainda que momentaneamente, aquietar as almas desesperadas por alcançar a tal chave que lhes abrirá a porta que dá acesso às riquezas.

Ninguém quer passar por um processo, pois é cansativo dobrar os joelhos de madrugada e pedir a Deus uma direção. Ouvir a voz do Senhor e buscá-lo pode levar tempo demais. Ninguém quer sacrificar, mas o fogo de Deus todos querem.

Lembra-se da história registrada em 1Reis 18, em que Elias desafiou quatrocentos profetas de Baal? Antes que o fogo caísse do céu e lambesse o holocausto, a lenha, as pedras, o pó e ainda a água que estava no riacho próximo, o profeta Elias edificou um altar e sacrificou um holocausto. Primeiro vem o sacrifício e depois o fogo de Deus.

Paulo escreveu: "Já estou crucificado com Cristo; e vivo, não mais eu, mas Cristo vive em mim; e a vida que agora vivo na carne, vivo-a pela fé do Filho de Deus, o qual me amou, e se entregou a si mesmo por mim" (Gálatas 2:20).

Não sou contra a realização dos sonhos, nem contra a prosperidade nesta vida. Seria hipocrisia de minha parte, já que sou uma pessoa próspera, inclusive no que diz respeito à questão financeira mesmo. Quando o evangelho entrou em minha vida, entrou também a prosperidade. Mas, antes dela entrou a renúncia.

Como filhos de Deus, precisamos entender que, sim, existem os benefícios da cruz. Mas antes há a renúncia do eu. Precisamos renunciar ao pecado, à nossa condição pecaminosa. Devemos assumir a cruz e o evangelho do arrependimento que Cristo nos anunciou. Mas nem por isso precisamos adoçar a mensagem, em busca de igrejas cheias. Não há necessidade de mostrar Cristo como um realizador de sonhos ou como um ser que promete dar tudo que alguém acha que merece receber.

A Bíblia nos ensina a escolher entre os nossos sonhos e os sonhos de Deus. Não podemos servir a dois senhores. Ou faço a minha vontade ou a de Deus. Acontece que a vontade dele é a única verdadeiramente boa, perfeita e agradável.

Pela manhã tenho a opção de acordar como um animal, que simplesmente come e sai andando, esperando pela hora de comer novamente. Ou posso dobrar os joelhos, fechar os olhos e dedicar meu dia ao Senhor. Posso colocar meu coração diante dele e dizer: "Minha vontade já deixei. Governe sobre mim. O que o Senhor espera de mim? Manifeste-se em mim, no meu dia a dia, na faculdade, no trabalho, na minha casa, com meus filhos, minha esposa, meus pais. Mostre seu querer através de mim quando eu estiver com meus amigos ou enfrentando o trânsito cada vez mais caótico."

***

O projeto de Deus é se manifestar em sua vida, a fim de que ela reflita o caráter do próprio Deus. Isso vai acontecer por meio do seu relacionamento conjugal, com seus filhos, amigos, pastores, vizinhos e em tudo o que você fizer. Ficará evidente que você é um servo de Jesus. Suas palavras vão denunciá-lo.

Certa vez eu estava viajando para a praia com minha família e resolvemos parar num desses restaurantes que ficam à beira da estrada. Eu queria comprar goiabada. Sou apaixonado por esse tipo de doce. Estacionei e entrei no comércio.

Conversei um pouco com um rapaz que atendia no balcão. Ele era cristão, mas eu não sabia. Ele também não me conhecia. A certa altura da conversa, ele me perguntou se eu queria entrar e compartilhar de um lanche com a família dele. Resolvemos entrar e lá realizamos um culto doméstico. Deus tocou o meu coração e tocou no dele também. Nossa vontade crucificada em Jesus nos uniu em louvor a Deus.

Deus quer se manifestar em nós e através de nós. Quer que a vontade dele transpire em nossa vida, que seja nossa marca. Quando ele reina em nós, somos como chuva de Deus a regar os desertos que as pessoas atravessam. Este é o sonho de Deus: que nosso testemunho de vida faça brotar em corações estéreis e ressecados viva mensagem de Jesus.

Minha oração é para que você não busque usar Deus para realizar seus sonhos, mas que deixe Deus usar você para tornar realidade os sonhos dele.

CAPÍTULO 9

Fome e sede de justiça

Foi durante o curto período em que morei em São Mateus que nasceu em mim a capacidade de indignação que me acompanha até hoje. Eu era pré-adolescente e, após o futebol com os amigos, costumava me sentar numa escadaria que dava acesso à região do porto chamada "cidade baixa". Séculos atrás, aquela era a porta de entrada para milhares de escravos vindos de países africanos como Angola e Guiné.

São Mateus recebeu os primeiros colonizadores em 1544 e é a cidade com a maior população de afrodescendentes do Espírito Santo. As festas e os ritos, bem como as ruínas de construções antigas, trazem a marca da cultura negra na cidade. Tudo ali transpira história — infelizmente marcada pela injustiça cometida contra os negros.

Contam os livros de história que a costa mateense foi a última a receber um navio negreiro em todo o território nacional, no ano de 1856. Pela forte presença dos escravos, muitos são os relatos a respeito da forte repressão a que eles foram submetidos. Não faltam narrativas que descrevem os maus tratos e a violência perpetrados contra aquela população, sem falar na implacável perseguição às dezenas de comunidades quilombolas encravadas na área. Ali, nos degraus da escadaria, eu via a história que repassava diante dos meus olhos.

Apesar da minha pouca idade, aquilo me causava um tremendo mal-estar. O que eu ouvia dos professores na escola e via na cidade, palco daquele horror todo, levantava no meu peito de menino a incômoda questão: como nosso país permitiu uma atrocidade tão grande? E de lá da escadaria, onde era possível uma visão ampla do porto, meu espírito se inquietava.

Eu cresci, saí de São Mateus, porém meu coração continuou sensível aos incontáveis capítulos de injustiça compostos quase que diariamente no livro da história deste país. A corrupção nos governos, o péssimo serviço público prestado à população, os conchavos, os acordos de bastidores privilegiam poucos e prejudicam milhões. Fiscais, agentes do governo que deveriam fiscalizar obras cobram propinas para liberar construções que, tempos depois, desabam e vitimam pessoas inocentes.

Em 2013 os jornais deram grande destaque ao desabamento de um prédio em construção em São Paulo, num bairro coincidentemente chamado São Mateus. Dez trabalhadores morreram. A obra estava com problemas em sua documentação e havia suspeitas de irregularidades na fiscalização. Boa parte daqueles homens que foram soterrados tinha origem nordestina, como eu. Eles estavam lá para trabalhar e foram devolvidos aos seus parentes dentro de um caixão. Uma violência sem tamanho que poderia ser evitada, caso a fiscalização funcionasse e a impunidade não fosse um flagelo tão alarmante em nossa sociedade. Como explicar a alguém que perdeu um familiar que, não fosse a negligência, a história poderia ser outra? Como aceitar que nenhum tipo de punição será aplicado aos responsáveis pelo acidente, pelo menos não em curto ou médio prazo?

Tempo de chorar

Uma das condições que deixo explícitas nos meus contratos é que não aceito ingerência de outras pessoas no púlpito ou no palco durante minhas apresentações. Não me comprometo em divulgar ou em apresentar nenhum político ou empresário. O momento do culto ao Senhor é sagrado.

Mesmo assim, certa vez fui contratado para tocar em uma apresentação promovida pela prefeitura de uma cidade. Quando chegou minha vez de subir ao palco, o prefeito me abordou e disse para eu cantar duas canções, chamá-lo até a plataforma e apresentá-lo com toda pompa e circunstância e, só depois, continuar o show. Ele falou que estava com pressa e não queria perder tempo ali.

Não preciso dizer como me senti profundamente desrespeitado. Ao redor dele, muitos pastores locais o afagavam, sorriam, batiam em suas costas. O detalhe adicional é que bastava se aproximar do tal prefeito para sentir o cheiro de bebida alcoólica. Ele estava claramente embriagado.

Não podia me submeter àquilo. Disse que não faria o que o prefeito havia me pedido porque meu contrato não previa nenhum tipo de bajulação. Acrescentei que não o apresentaria nem o recomendaria, já que não tinha o menor relacionamento com ele, não conhecia sua trajetória política e, mesmo que soubesse, não cederia meu palco para um homem que, além de tudo, estava bêbado.

Minha reação de indignação causou o maior mal-estar nos bastidores da apresentação. Alguns pastores tentaram me convencer que era costume local fazer as honras ao prefeito no meio do show e recomendá-lo, afinal, aquilo garantiria outras apresentações. Eu realmente não tenho o menor compromisso com isso. Meu compromisso é em ministrar e ser um canal para que Deus possa falar com seu povo. Sou um pregador, um pastor e não um animador de auditório ou uma ferramenta usada para deixar um político bem na foto com os evangélicos da cidade.

O clima ficou tenso. O prefeito, inconformado. Pastores andavam de um lado para o outro, mas permaneci irredutível. Tenho absoluta convicção de que mais vale servir a Deus do que aos homens e eu não participaria de uma encenação no meio de um culto de louvor a Deus. Nada no contrato me obrigava a isso.

Quando viram que não conseguiriam me convencer, os pastores seguiram com o prefeito, porém um deles permaneceu ali comigo. Ele me encarou e, com os olhos marejados, me disse: "Posso ver que você é um homem de Deus, Fernandinho." Ele me abraçou e continuou: "Estou emocionado com sua fidelidade a Deus. Você me inspira." Eu, vendo a coragem dele de não entrar no mesmo jogo dos demais pastores, retribuí o abraço: "Você também me inspira, pastor."

Não se trata de intransigência, mas sim de integridade. Não podemos entrar no jogo do poder e abrir exceções de olho em vantagens ou possibilidades que nossa negligência venha a possibilitar. Eu não poderia afagar um homem que claramente desprezava a fé, desrespeitava o culto e queria apenas faturar com uma propaganda eleitoreira, custeada pelos contribuintes daquela cidade. Sim, porque, apesar da entrada franca, todas as despesas foram pagas pela prefeitura com o dinheiro dos impostos arrecadados do cidadão.

É certo que eu estava li como artista, recebendo cachê por minha atividade cultural, mas nem por isso iria baratear minhas convicções cristãs. Mesmo que minha atitude represente portas fechadas no futuro e que dificilmente eu seja convidado para um evento municipal enquanto aquele homem for o prefeito. Essa experiência cooperou para que eu gravasse o álbum *Sede de justiça*, em 2007, um dos trabalhos mais desafiadores de minha carreira.

Pouco antes de lançá-lo, eu estava na Europa, ministrando a algumas igrejas de lá. Um dia fui almoçar com alguns pastores em um shopping e resolvi mostrar as canções desse CD. Houve um estranhamento por parte daqueles pastores. "Fernandinho, as pessoas estão acostumadas a ouvir canções de adoração e louvor. Por que falar de injustiça?" e "Você vai mexer em casa de maribondo" foram algumas das frases que ouvi.

Porém, mesmo diante de uma possível repercussão negativa, eu não poderia deixar de anunciar o que Deus colocava em meu coração, de certa forma, desde os tempos da pré-adolescência. Já fazia dois anos que eu vinha orando, pedindo novas canções que impactassem a Igreja. Eu não queria apenas reproduzir outros adoradores. Queria trazer algo novo do coração de Deus, uma mensagem que fosse relevante ao momento que vivíamos.

Durante o processo de composições para o repertório, eu estava em casa. Certo dia, como de costume, lia o livro de Joel pela manhã bem cedo. Raramente passo mais de uma semana sem meditar nos textos do livro de Joel. É uma narrativa curta, de apenas três capítulos. Porém é uma mensagem eloquente sobre os juízos de Deus acompanhados de convites ao arrependimento e à oração.

Naquela manhã eu havia acabado de ler a Bíblia e liguei a televisão para assistir ao noticiário. A reportagem mostrava um escândalo criminoso que envolvia alguns pastores. Alguns deles passavam algemados diante das câmeras, sendo detidos e encaminhados às delegacias que investigavam as denúncias. Aquela cena me constrangeu demais.

Cresci na Igreja Evangélica e desde muito cedo convivi com irmãos que demonstravam zelo e amor no cuidado com a obra de Deus. Aprendi que, como cristãos, devemos ter uma vida longe de escândalos e de falcatruas. Deveríamos ser exemplo e por isso fiquei abalado com a notícia. Chorei diante da televisão por alguns momentos. Apanhei meu violão, comecei a dedilhar e a orar ao Senhor.

Vi minha Bíblia que estava aberta ainda, no texto do livro de Joel. Comecei a cantar:

Livra Teu povo, Senhor.
Livra Teu povo, Pai de amor.
Não deixes cair a vergonha sobre a tua Igreja.

Secou a alegria dos olhos,
Se foi o alimento da terra.
Volta e restitui, ó Pai de amor!

Chorem os ministros de Deus.
Os sacerdotes do Senhor.
Toca a trombeta em Sião.
Traz voz de jejum e de orações.

Essa canção recebeu o nome de "Chorem". Ela e as demais composições que integram o CD *Sede de justiça* surgiram como respostas da oração que eu fazia pedindo a Deus algo novo. A letra de cada uma delas traz mensagens que precisavam ser ditas para a Igreja do Senhor Jesus. Deus me mostrou que era tempo de seus profetas chorarem em clamor pela Igreja e pela situação que vivíamos. É o que diz o texto de Joel 2:17:

> Que os sacerdotes, que ministram perante o SENHOR, chorem entre o pórtico do templo e o altar orando: "Poupa o teu povo, SENHOR. Não faças da tua herança motivo de zombaria e de piada entre as nações. Porque se haveria de dizer entre os povos: 'Onde está o Deus deles?'"

A minha aflição é que fomos chamados para ser sal da terra e luz do mundo e isso significa bem mais do que frequentar os cultos às quartas, sábados e domingos. Ser sal não representa portar um cartão de membro de uma igreja, devolver o dízimo e dar ofertas ou colaborar com os ministérios, como louvor, portaria e estacionamento, apoio a novos convertidos e tantos mais. Parafraseando Jesus, devemos praticar essas coisas, mas sem nos omitir de marcar nossa geração sendo santos, íntegros e separados por Deus para dar um exemplo de vida reta.

Não faz muito tempo que nós, os evangélicos, éramos conhecidos como crentes ou "bíblias". Se por um lado, havia certo preconceito, também é inegável que as pessoas viam os crentes como pessoas mais corretas, que tentavam ser pais e mães exemplares, eram honestos ao lidar com o dinheiro e não podiam ser corrompidos com facilidade. Reportagens como aquela mostram que vivemos em outro tempo, o que torna o desafio ainda maior para quem quer viver como um cristão verdadeiro.

O mundo não espera de nós outra atitude que não seja uma vida de justiça e retidão, que reflita o caráter de Deus. Se clamo pelo governo de Deus sobre minha vida, tenho de permitir que o Senhor comande meus passos, minhas escolhas, meus sonhos e minha conduta. Não adianta viver intensamente na igreja e participar de mobilizações populares, como, por exemplo, as que levaram milhares de pessoas às ruas no Brasil em 2013, se não estivermos dispostos a praticar ações de justiça também enquanto estivermos na faculdade, no trânsito, no banco, no trabalho ou no convívio familiar.

Não convém que levantemos as mãos para Deus, mas estendamos nossas mãos para tocar o que não deve ser tocado, para emitir cheques sem fundo ou agredir o próximo. Paulo nos recomenda: "Quero, pois, que os homens orem em todo lugar, levantando mãos santas, sem ira e sem discussões" (1Timóteo 2:8).

Profetas calados

Há uma oração que sempre faço. Peço a Deus que, se for preciso, me tire a música, a fama, o dinheiro e todo o status. Mas, por amor ao seu Filho Jesus, que jamais retire de mim o chamado para ser um profeta para esta geração.

"Não podemos nos calar." É isso que cantei na canção "Sede de justiça" e que é uma referência ao comportamento de alguns pastores durante o episódio do prefeito bêbado que queria se aproveitar de nosso momento de adoração para fazer politicagem.

Não posso ficar calado,
Não posso ficar de mão atadas,
Com tantos votos comprados,
Cartas marcadas,
Profetas calados.

As portas do inferno não vão prevalecer contra a Igreja.
Bem-aventurados os que têm sede de justiça.
Eu tenho sede de justiça.

Sede de justiça.

Sacia minha sede, Senhor.

O que me pareceu estranho na ocasião não foi a atitude do prefeito. Isso já era esperado, afinal, ele era um homem que não temia a Deus nem respeitava a fé. O mais inquietante foi o apoio que ele recebeu de pastores, líderes cristãos daquele município que estavam evidentemente deixando suas convicções de lado. É do pastor norte-americano e ativista dos direitos humanos Martin Luther King, assassinado em abril de 1968, a célebre frase: "O que me preocupa não é o grito dos maus. É o silêncio dos bons." Posso dizer que essas palavras foram a perfeita expressão da minha perplexidade naquele dia.

Houve um cristão escocês no século XVI chamado John Knox, figura importantíssima na Reforma Protestante e no presbiterianismo. Ele era um sacerdote católico e se converteu ao protestantismo. Seus biógrafos contam que sua conversão aconteceu após estudar textos de Agostinho e Jerônimo sobre graça, fé, pecado, justificação e providência. Elegeu então como passagem bíblica predileta o texto de João 17, em que Jesus ora não apenas por seus discípulos, mas por todos os filhos de Deus, em qualquer época da história. Naquela oração, pouco antes de ser traído, Cristo clamava que seus discípulos fossem santificados e fortalecidos para resistirem ao mal.

John Knox não tinha como característica principal a docilidade nas palavras, pelo contrário. Conhecido por sua voz retumbante, ele não temia dizer o que precisava ser dito.

Não era nada diplomático ao defender suas convicções de fé. O pregador subia aos púlpitos e discorria abertamente contra aquilo que afrontava as Escrituras, defendendo a Palavra de Deus como regra única de fé e conduta.

Por diversas vezes censurou os lordes e outros nobres escoceses que cobiçavam as terras desapropriadas na Escócia. Sua vida e sua pregação caminhavam juntas, numa teologia engajada que aplicava os preceitos bíblicos a todas as áreas de sua vida cristã e pública. A rainha da Escócia chegou a declarar que temia mais as pregações de John Knox do que todo o regimento de soldados e os canhões da Inglaterra, já que sua pregação tinha a capacidade de colocar o temor de Deus nas pessoas. Como seria bom poder listar no Brasil de hoje alguns nomes capazes de uma reflexão tão poderosa e transformadora quanto a de John Knox.

Você pode até não ter ouvido falar desse importante reformador protestante, mas certamente conhece a história de outro João, o Batista:

> Naqueles dias apareceu João Batista, pregando no deserto da Judeia. Ele dizia: "Arrependam-se, porque o Reino dos céus está próximo." Este é aquele que foi anunciado pelo profeta Isaías: "Voz do que clama no deserto: 'Preparem o caminho para o Senhor, façam veredas retas para ele.'"
>
> *Mateus 3:1-3*

Alimentando-se somente com gafanhotos e mel silvestre, vestindo roupas tecidas com pelos de camelo, João não andava na moda nem seguia os padrões da sociedade. Do deserto, sua pregação era simples e direta: "Arrependam-se." Nem mesmo os conservadores fariseus ou os liberais saduceus foram poupados da verve profética de João: "Raça de víboras! Quem lhes deu a ideia de fugir da ira que se aproxima?" (Mateus 3:6).

Assim como faria seu xará John Knox séculos mais tarde, João Batista falava de forma contundente. Seu único compromisso era com Deus. Ele não tinha nenhum acordo com os religiosos daquela época e por isso não se poupava de dizer abertamente que as pessoas precisavam abandonar a idolatria, renunciar os deuses estranhos e retonar a Deus como forma de escapar do Juízo divino que viria.

Hoje em dia, quando ligamos os televisores à noite ou vamos à igreja no domingo de manhã, raramente ouvimos falar do sacrifício, da necessidade de se abandonar os ídolos e da genuína conversão. O grito de João Batista no deserto — "arrependam-se!" — parece ter sido levado pela areia.

Em vez disso temos um evangelho de facilidades, um *fast-food* religioso ao gosto do freguês. As pessoas vão aos lugares onde ouvem o que mais lhes agrada. Se a mensagem exigir grandes guinadas, então, agimos como o jovem rico que procurou Jesus em busca de uma resposta sobre como conseguir a salvação e foi embora triste ao ouvir que seria necessário que entregasse todos os seus bens aos pobres.

Além de uma mensagem muitas vezes "adocicada", vemos sérios deslizes éticos por parte de quem a anuncia. Uma prática que se popularizou entre as igrejas há alguns anos e que ocorre ainda hoje foi a participação em rádios piratas. Na tentativa de justificar a prática ilícita, já ouvi argumentos como "precisamos pregar". Pois, se é assim, temos as praças, os hospitais, os asilos e os presídios. Não nos faltarão ouvintes. Não precisamos dar um jeitinho e torcer a lei.

O texto bíblico nos ensina que somos sal da terra. Foi Jesus quem disse isso: "Vocês são o sal da terra. Mas se o sal perder o seu sabor, como restaurá-lo? Não servirá para nada, exceto para ser jogado fora e pisado pelos homens" (Mateus 5:13).

O sal possui duas propriedades básicas. Ele é capaz de conservar os alimentos por mais tempo. Quem já comeu carne-seca sabe como ela é salgada. O consumo desse tipo de carne é muito comum nas regiões do norte e do nordeste do nosso país e seu modo de preparo é artesanal. A carne é fatiada e salgada ao extremo e depois pendurada num varal para secar ao sol. Não sou especialista nisso, claro, mas li que foram encontrados registros de preparo desse tipo de carne no ano de 1610, bem antes de inventarem a geladeira e a própria energia elétrica, por exemplo. O que ajuda a manter a qualidade da carne sem que ela sofra o processo natural de decomposição é a quantidade de sal com que ela é temperada.

Outra característica do sal é realçar o sabor. Um alimento sem sal, por mais saudável e indicado que seja, não é agradável ao paladar. Quem faz dieta com restrição ao sódio já deve ter percebido que uma das grandes dificuldades é dosar as mãos na quantia de sal no arroz, na salada, nos alimentos em geral. Por outro lado, experimente pegar uma colher de sal e colocá-la na boca. É provável que você não consiga engolir e, caso engula, serão necessários diversos copos de água para aliviar o gosto intragável.

Nós, como cristãos, somos chamados a conservar o que é bom e realçar as qualidades de tudo que Deus criou. Nosso dever é influenciar o mundo pela maneira como vivemos, em retidão e alegria. Nossa missão é conservar valores éticos e morais e fazer com que nossa presença seja agradável aos outros, dando um sabor a cada momento de comunhão.

Púlpito e política

A cada dois anos nós presenciamos cenas lamentáveis. As comunidades cristãs evangélicas tornam-se roteiro de políticos em busca de votos e apoio para suas campanhas eleitorais. Não quero generalizar. Tenho consciência que a maioria dos nossos irmãos mantêm os altares longe da contaminação. Mas é fato que essa prática existe e ela precisa ser denunciada.

Em algumas comunidades o membro tem dificuldades de agendar uma conversa ou um aconselhamento com o pastor. Mas este é um homem ocupado demais e tem muitos compromissos diários. Sua igreja possui milhares de membros, dezenas de ministérios e um corpo de colaboradores enorme. Isso não permite que ele atenda a todos os membros que o procuram. Basta, porém, aparecer um político, mesmo que sem aviso prévio. O pastor o recebe em seu gabinete, leva até o púlpito, pede oração por ele e até lhe entrega o microfone para que se apresente e peça votos.

Essa atitude me faz lembrar de uma recomendação bíblica que esses pastores parecem ter esquecido. Paulo ensina a seu jovem filho na fé Timóteo: “Não se precipite em impor as mãos sobre ninguém e não participe dos pecados dos outros. Conserve-se puro" (1Timóteo 5:22).

O problema é que muitos pastores estão comprometidos com políticos. Aceitam, sem questionar, que um parlamentar custeie a reforma do templo, viabilize a ampliação do prédio, facilite concessões de televisão sem ao menos questionar o preço por esse apoio. A igreja não é um curral eleitoral e o voto dos membros não pode ser negociado. Aliás, essa prática não só é questionável do ponto de vista bíblico como é proibida por lei. Distribuir os famosos "santinhos", fazer do púlpito um palanque ou comprometer-se a conseguir eleitores dentro da igreja, além de pecado, é crime. Por isso, um líder não pode negociar o próprio voto, muito menos o de sua comunidade.

Meu anseio é que preservemos a integridade de nossos púlpitos. Devemos amar a verdade e defender os valores do Reino de Deus. Seria insensato agir como fazem alguns parlamentares que aparecem encenando nas redes de televisão da Câmara ou do Senado, mas que na calada da noite é que decidem suas escolhas. Não fomos chamados para agir às escondidas, mas sim para viver às claras. Afinal, além de sal da terra, Jesus disse que somos a luz do mundo.

É possível que, ao abraçar certas convicções, sejamos conduzidos para o meio de um deserto. Pode ser que você perca oportunidades rentáveis, que alguns amigos o deixem para trás também ou mesmo que você tenha prejuízos, seja incompreendido e passe por grandes provações. Saiba que, se isso acontecer, você terá trilhado o caminho de muitos profetas bíblicos.

A verdade é que muitas vezes precisaremos atravessar desertos por fazer o que Deus nos manda e por seguir seus planos. Mas se o caminho para alcançar a vontade do Senhor — que, como sabemos, é "boa, perfeita e agradável" — passa pelo período de terra seca, esta é a jornada que devemos vencer.

Integridade diante da injustiça

Cada cristão precisa entender qual é o seu papel na sociedade. A justiça que precisamos não virá de políticos ou de homens armados, mas do meu e do seu posicionamento particular diante do mundo. É certo que em algum momento da vida as injustiças nos alcançarão. Diante delas, a única opção é permanecer íntegro.

O profeta Daniel serve de modelo para todos nós. Exilado na Babilônia ainda na adolescência, jamais abandonou os preceitos do Deus de Israel. Ele chegou a ocupar posição de destaque no reino, mas isso não o levou a abrir mão de suas convicções e de sua comunhão com Deus. Essa atitude de retidão e coerência fez com que ele fosse lançado na cova dos leões, mas Deus mandou seu anjo para o livrar. Nada lhe aconteceu.

Em todo o tempo, Daniel manteve-se fiel àquilo em que acreditava. Íntegro, ganhou respeito e admiração até de seus inimigos. Seu exemplo deve se reproduzir em nossas vidas hoje também. É possível caminhar com integridade, mesmo quando passamos por desertos de injustiças. Quando agirmos assim, granjeamos seguidores, discípulos que vão multiplicar nossa atitude de justiça. Esse é o caminho. O cristão deve ter uma conduta que desafie outros e, assim, se tornar uma forte referência e agente de transformação.

O exemplo maior de alguém que sofreu com a injustiça sem se desviar da retidão é o próprio Jesus. O profeta Isaías já havia escrito que Cristo seria "desprezado e rejeitado pelos homens, um homem de tristeza e familiarizado com o sofrimento. Como alguém de quem os homens escondem o rosto, foi desprezado, e nós não o tínhamos em estima" (Isaías 53:3).

Jesus, o Mestre, amigo, aquele que curou muitos, que segurou nas mãos dos leprosos e perdoou adúlteras, prostitutas, corruptos e toda a sorte de pecadores, restaurando-lhes a dignidade, esse mesmo Jesus "foi transpassado por causa das nossas transgressões, foi esmagado por causa de nossas iniquidades" (Isaías 53:5).

Após um ministério que reconciliou os homens com Deus, Jesus foi traído por um amigo próximo com um beijo. Foi surrado e levado a Pôncio Pilatos, governador da Judeia, que preferiu atender aos apelos do povo diante de sua porta à tomar a atitude justa, vendo que diante de si tinha um homem inculpável. A cruz, com todos os requintes de crueldade, foi o destino do Mestre.

Em favor dos desamparados

As palavras de Jesus proferidas no Sermão do Monte são, ou deveriam ser, como um farol a orientar aqueles que desejam segui-lo: "Bem-aventurados os que têm fome e sede de justiça, pois serão satisfeitos" (Mateus 5:6). Ter sede de justiça é mais que um clamor, é ter experiência e posição. O resultado que saciará esse anseio não virá de fora, não será algo promovido por poderes do Estado, mas brotará da própria Igreja.

"Bem-aventurado" é a tradução da palavra grega "makarismós" e significa "ser feliz". Felicidade, para Jesus, ia além de conquistas materiais. Encontrar a plenitude da felicidade não estava em "ter", mas em "ser". Quando Jesus pregou sobre as bem-aventuranças, ele subverteu a concepção grega de que ser "bem-aventurado", ou "makarismós", era uma felicidade material, uma vida sem preocupações ou sofrimentos.

Os gregos geralmente relacionavam o termo à grandeza, e mostravam como eram "bem-aventurados" os deuses em comparação aos míseros humanos. Jesus deu um sentido pleno à expressão quando associou felicidade verdadeira a um relacionamento com Deus e o engajamento em seu Reino. As bem-aventuranças são tratadas como recompensa divina e não dádiva de homens. São orientações para alcançar a verdadeira e plena alegria.

É provável que, como eu, você não tenha experimentado uma situação extrema de sede ou fome. Quem passa por isso é capaz de praticamente qualquer coisa para saciar as necessidades básicas. Em 2011, um barco pesqueiro com seis pescadores saiu de Cabo Frio, na Região dos Lagos do Rio de Janeiro, e foi encontrado mais de vinte dias depois, a cerca de 180 quilômetros da Costa de Itajaí, em Santa Catarina. Sem água potável eles contaram que sobreviveram ingerindo a própria urina.

Esse é apenas um exemplo da dramaticidade da sede ou da fome. Jesus usou essas sensações para nos falar a respeito da justiça. Ter fome e sede de justiça é provar da sensação, quase biológica, de avidez, sofreguidão e apetite pela justiça de Deus. É certo que viveremos na Nova Jerusalém, num tempo em que não haverá mais pranto, nem choro, nem dor. Porém, aqui, como filhos de Deus, temos de nos incomodar com as injustiças e ter como meta transformar o mundo para a glória do Senhor.

Não podemos ser indiferentes às injustiças e isso não significa que devemos apenas nos enfileirar em organizações não governamentais, nos engajar em causas que militem a favor dos oprimidos e da igualdade social. Essas são questões importantes, mas elas serão apenas reflexos de uma transformação ainda maior que surgirá do nosso interior.

***

Comecei este capítulo mencionando os horrores da escravidão no início da colonização brasileira e quero encerrá-lo mencionando um escravo, seu senhor e um cristão sedento por justiça. A carta de Paulo a Filemon trata da situação de Onésimo, um escravo que havia se convertido em Roma pelas pregações do apóstolo. Onésimo queria permanecer com Paulo e segui-lo em seu ministério, mas havia um problema. Ele era servo de Filemon, também um cristão convertido graças à pregação de Paulo.

Observe que temos um escravo e um dono de escravo e os dois são alcançados pelo evangelho. Paulo media o conflito e pede ao escravo que retorne ao seu senhor, lhe peça desculpas e acerte suas dívidas com ele. Era certo que Onésimo seria castigado, talvez até morto, ao retornar após uma fuga do trabalho. Paulo tinha consciência disso e se adianta, enviando uma carta em que recomenda que Filemon seja generoso e paciente com Onésimo. A fome e a sede de justiça geradas no coração do apóstolo Paulo têm o dom de me comover, toda vez que leio:

> Eu lhe faço um pedido em favor de Onésimo, que é meu filho por estarmos unidos com Cristo, pois, enquanto eu estava na cadeia, tornei-me o pai espiritual dele. Antes ele era inútil para você, mas agora é útil para você e para mim. Eu estou mandando Onésimo de volta para você, e com ele vai o meu coração.
>
> Gostaria de obrigá-lo a ficar aqui comigo, enquanto estou nesta cadeia por causa do evangelho, a fim de que ele me ajudasse em lugar de você. Porém não vou fazer nada sem a aprovação de você, para que o favor que eu lhe estou pedindo não seja feito por obrigação, mas por sua livre vontade.
>
> Pode ser que Onésimo tenha sido afastado de você por algum tempo a fim de que você o tenha de volta para sempre. Pois agora ele não é mais um escravo, porém muito mais do que isso: é um querido irmão em Cristo. De fato, para mim ele é muito querido. E para você agora ele é mais querido ainda, não só como escravo, mas também como irmão no Senhor.
>
> Por isso, se você me considera seu companheiro de trabalho, receba Onésimo de volta como se estivesse recebendo a mim mesmo. Se ele deu algum prejuízo a você ou lhe deve alguma coisa, ponha isso na minha conta.

> Aqui, com a minha própria mão escrevo isto: Eu, Paulo, pagarei tudo. É claro que não preciso fazer com que você lembre que me deve a sua própria vida. Portanto, meu irmão, me faça esse favor, por causa do Senhor. Anime o meu coração, como irmão em Cristo.
>
> *Filemon 1:10-20*, NTLH

É possível subverter um sistema injusto com a sabedoria de Deus, o amor de Cristo no coração e a sede de justiça. Não é necessário pegar em armas nem depredar a propriedade alheias. Nenhuma revolta é tão efetiva quanto a transformação do coração e da mente, a renovação do pensamento.

Alguém pode tentar praticar a justiça obrigando o senhor a libertar seu escravo. Sua revolta pode ser tão eloquente a ponto de gerar uma mudança no sistema. Mas, se o coração não for atingido, se não houver uma mudança interna, assim que possível um dos dois lados, o do injusto e o do injustiçado, vai se levantar em opressão.

Paulo demonstrou indignação com a injustiça de seus dias, como a injustiça social, do poder político e até nas relações entre os irmãos. É do próprio apóstolo a definição: "O Reino de Deus não é comida nem bebida, mas justiça, paz e alegria no Espírito Santo" (Romanos 14.17). Paulo não se calou, mas também não abandonou a sabedoria. Como conhecedor das Escrituras que era, ao defender o escravo Onésimo, possivelmente o apóstolo lembrou-se deste versículo: "Erga a voz em favor dos que não podem defender-se, seja o defensor dos desamparados" (Provérbios 31:8).

Buscar o Reino e sua justiça, como vimos, pode ser penoso. Pode significar caminhar por desertos. No decorrer da minha vida, tenho aprendido e tentado compartilhar aqui com você que Deus sempre derrama sua chuva. A chuva que desfaz a aridez da injustiça virá no momento em que eu e você estivermos dispostos a andar com Deus no deserto, na cova dos leões, na cruz, nas prisões, nas calçadas ou nos palácios.

O vento do Espírito vai soprar, impetuoso, como no Dia de Pentecostes, quando nosso coração não aceitar o jogo de cartas marcadas e de votos comprados. Quando nosso corpo sofrer a sensação de fome e sede de justiça e nossa voz se erguer em clamor para que sejamos saciados. Sem dúvida, seremos.

CAPÍTULO 10

Ser discípulo, fazer discípulos

Eu era um garoto ainda. Tinha apenas 15 anos e todas as dúvidas do mundo. A rebeldia e as confusões que passam pela cabeça de jovens com essa idade também me visitavam quando tive o privilégio de conhecer o Cacau. Ele foi uma das pessoas que tive como referência e abençoou muito minha vida. Cacau — na verdade, pastor Carlos Elias — era o líder do grupo missionário de jovens da nossa igreja e também aluno do seminário teológico. Todas as noites de sexta-feira ele ajuntava os adolescentes de nossa igreja para momentos de conversa, estudo bíblico e orações.

As reuniões começavam às dez horas e terminavam à meia-noite. Muitas vezes estendíamos o papo até a madrugada. Falávamos sobre nossa fé, nossos dilemas como jovens e a fidelidade a Deus. Conversávamos também sobre grandes nomes do cristianismo. Foi com Cacau que ouvi falar pela primeira vez de Charles Spurgeon, pregador batista inglês do século XIX que se converteu quando tinha a mesma idade que a maioria de nós ali, aos 15 anos. Ouvíamos atentamente também sobre a coragem e convicção dos pais da Reforma Protestante, como João Calvino e Martinho Lutero.

Com o Cacau, nossa fé deixava de ser apenas um movimento apaixonado e emocional para ganhar robustez e profundidade. Ele tinha um objetivo claro: queria que deixássemos de ser meninos na fé e amadurecêssemos em graça e conhecimento. Cacau pegou um grupo de garotos em formação e transformou-os em servos de Deus. Seu trabalho era quase anônimo para os demais membros de nossa igreja. Mas ele não estava mesmo interessado no reconhecimento dos púlpitos, seu ofício era nos bastidores de uma sexta à noite.

As animadas vigílias ajudavam a evitar que adolescentes como eu enveredassem por caminhos obscuros naquele fim dos anos 1980, quando o crack começava a se popularizar pelo país e a violência, então como hoje, vitimava indiscriminadamente crianças e jovens.

Impossível não traçar um paralelo daquele jovem líder de adolescentes com o próprio Jesus que chamou homens esquecidos pelo mundo, gente que jogava suas redes ao mar despretensiosamente em busca da pesca do dia a dia. Cristo viu neles gente capaz de puxar redes de almas salvas e regeneradas pelo poder de Deus. Viu nos pescadores possibilidades, sonhos, capacidades e valores que ninguém jamais havia visto. Ninguém olhou para Pedro e André à beira do mar da Galileia da forma como Jesus olhou. Cacau também não enxergou em nós apenas adolescentes; viu pescadores e por isso sou muito grato a ele por seu esforço durante os fins de noite das sextas-feiras.

Sou fruto de discipulado. Talvez você já tenha percebido isso no decorrer da leitura deste livro. Não me refiro às campanhas de crescimento institucional, tão comuns nas nossas igrejas hoje em dia. Esses métodos, com planos para multiplicar membros, distribuição de cultos em lares, evangelismo de vizinhos entre outras estratégias são importantes. Muitos deles servem como porta de salvação para pessoas que não conhecem Jesus.

Eu, porém, fui forjado em um discipulado pessoal, um relacionamento quase artesanal. Fui guiado por pessoas colocadas por Deus na minha jornada. Sempre tive a alegria, a graça e a sorte de, durante minha caminhada, contar com pessoas que me inspiraram, me fortaleceram, suportaram minhas dores, me aconselharam, choraram minhas lágrimas e riram comigo os bons momentos que Deus me permitiu viver.

Quando a minha família e a de Paula chegaram à Segunda Igreja Batista, oriundas de outra Igreja Batista, o pastor Eber Silva recebeu a todos com muito carinho. Ele estava à frente da igreja não havia muito tempo. O pastor Eber é um homem muito bem-preparado, bacharel em teologia pelo Seminário Teológico Batista do Sul do Brasil, com passagens pela presidência da Convenção Batista Fluminense e pela Ordem dos Pastores Batistas do Estado do Rio de Janeiro. Possui em seu currículo vários livros publicados.

Além de apresentar todas essas credenciais, ele é um homem sábio, um grande conselheiro, uma pessoa que escuto e respeito como se fosse meu pai. O pastor Eber ensinou-me a valorizar a minha história. Sobretudo, a minha trajetória denominacional. Muita gente me vê somente como um ministro de adoração, mas também sou um pastor batista, embora minha música não seja denominacional.

Entendo que para qualquer ministério ter legitimidade, ele precisa estar ligado a uma igreja e, no meu caso, sou ligado à Igreja Batista, uma denominação histórica que nasceu no século XVII na Holanda e se espalhou pelo mundo. Aqui no Brasil, atualmente há cerca de 6 mil igrejas vinculadas à Convenção Batista Brasileira. Ainda há outros milhares de igrejas vinculadas a diferentes convenções batistas; a mais famosa é a Convenção Batista Nacional.

É importante conhecer nossa história. Valorizar e amar as raízes faz parte do bom desenvolvimento, e isso tenho aprendido com o meu pastor. Eu o respeito tanto que certa vez, quando uma grande gravadora nacional me chamou para propor um acordo comercial, levei-o para a reunião. Pode parecer bobagem, totalmente fora de moda, levar o pastor a um encontro de negócios. Quem hoje pede conselhos ao pastor sobre temas da vida privada, como com quem casar ou onde estudar? Mas para mim foi importante honrá-lo e sua opinião tem me ajudado na direção que dou a minha vida e ao ministério Faz Chover, que é ligado à nossa igreja local.

Outra grande referência para mim é o ministro de louvor Asaph Borba, do Rio Grande do Sul. Seus 35 anos de ministério, compondo canções que permeiam a história da Igreja no Brasil, já seriam suficientes para tê-lo como exemplo. Mas foram os encontros, as conversas e os conselhos dele que me fizeram olhar com admiração e carinho ainda maiores para esse irmão querido.

Naquele congresso em 1998, que mencionei no capítulo seis, o Asaph profetizou sobre mim as mesmas palavras que Jesus proferiu no último dia da Festa dos Tabernáculos:

"Quem crer em mim, como diz a Escritura, do seu interior fluirão rios de água viva" (João 7:38, ARA). Jesus fazia referência ao que está escrito em Zacarias 14:8, onde está escrito: "Naquele dia, [...] correrão de Jerusalém águas vivas."

De fato, aquele rio vivo realmente inundou minha história. Aprendi o que significa ser um adorador e qual a diferença entre buscar a glória humana ou a aprovação do céu. Por essa razão, desde aquela época estou sempre atento ao que diz Asaph.

Aquele encontro no seminário Louvor Profético também gerou outros frutos abençoados e, entre eles, destaco o relacionamento que nasceu entre mim e Paula com o pastor Daniel Souza, líder do Ministério Frutos do Espírito, em São Vicente, litoral de São Paulo.

Daniel, a quem costumo chamar de Dani, é uma pessoa especialíssima para mim. Ele é dono de um jeito carinhoso no trato com as pessoas. Tece seus argumentos com um tom professoral e fala das coisas do Senhor com paixão comovente. Ele é a pessoa que Deus colocou em minha vida e na de minha família como alguém que nos dá cobertura espiritual. Nós nos conhecemos superficialmente no seminário, e no ano seguinte ele ministrou em nossa igreja. Durante o jantar ele me assegurou que Deus faria do nosso lar uma casa de adoração. Tempos depois, numa viagem que fez a Vitória, ele e sua família se hospedaram em nossa casa por uma noite, e essa experiência marcou meu coração para sempre. A simplicidade dele me constrangeu.

Como definiu o pregador norte americano A.W. Tozer: "O homem a quem o sucesso exalta e o fracasso abate ainda é carnal." Dani não se exalta nem se abate, e essa atitude é fruto de um caráter moldado por Deus. Daniel poderia se hospedar em qualquer hotel ou marcar conversas em restaurantes requintados, mas preferiu estar em nosso ambiente mais íntimo, bem próximo de nós, assim como Jesus fez em muitas ocasiões. Ele veio nos falar das coisas do Reino de Deus e de seu governo sobre a nossa vida e não estava preocupado com o cardápio simples ou com a acomodação apertada. Simplesmente parou o carro na frente da minha casa, desceu e disse que estava disposto a passar a noite ali para retomar a conversa rápida que tivemos quase um ano antes.

Em 1999 ele era conhecido nacionalmente por canções como "Corpo e família". Qual igreja de norte a sul do país que nunca cantou: "Recebi um novo coração do pai, coração regenerado, coração transformado. Coração que é inspirado em Jesus..."?

Com Daniel aprendi que um adorador é o mesmo homem na igreja, em casa ou diante de dezenas de milhares de pessoas. Levei essa lição comigo nas vezes em que participei da Passion Conference, um encontro internacional de adoradores na cidade de Atlanta, nos Estados Unidos. A conferência reúne quase 60 mil jovens estudantes de todo país. O mesmo aconteceu quando ministrei na Igreja de Lakewood, no estado do Texas. Ela é a maior igreja dos Estados Unidos e uma das maiores do mundo.

Nos dois locais ou mesmo numa apresentação na HSBC Arena, no Rio, ou no Credicard Hall, em São Paulo, canto com o mesmo coração, com a mesma intensidade. E esse espírito não é diferente quando estou à frente da minha própria igreja ou de qualquer outra congregação, pequena ou grande. Como já disse, sou um adorador e não uma estrela da música. Daniel foi fundamental nesse aprendizado. Tê-lo "por perto" durante esses anos todos é um privilégio. É bondade do Senhor sobre mim e sobre minha família.

Homens como esses que mencionei, além de se dedicarem cada um a seu ministério, têm investido tempo em minha vida. Com eles aprendi a dar a outros o que tenho recebido. Deus tem nos confiado filhos espirituais e o mínimo que podemos fazer é procurar contribuir para o crescimento deles na fé em Jesus. Nosso desejo é que mais e mais pessoas se levantem e façam diferença em sua geração.

Relacionamentos que edificam

Em minha caminhada cristã tenho me relacionado com muitas pessoas, algumas delas bem próximas e outras "mais chegadas que um irmão". Já faz um bom tempo que conheci e convivo com Ricardo Robortella, responsável pelo ministério Clamor pelas Nações, que fica em Belo Horizonte, Minas Gerais. Ele é verdadeiramente mais que um irmão para mim.

Deus uniu as nossas famílias e temos experimentado muitas coisas juntos. Compartilhamos os mesmos pensamentos e anseios. O Ricardo é um desbravador, um homem cheio de unção, que tem abençoado minha vida. E sou grato a Deus por me dar o privilégio de abençoá-lo também.

Deus também nos presenteou quando conheci meu amigo Gilmar Santos, ex-jogador de futebol e hoje pastor na Comunidade Evangélica Internacional da Zona Sul, no Rio de Janeiro.

Meu primeiro encontro com Gil, como gosto de chamá-lo, aconteceu num saguão de aeroporto e muitos podem imaginar, num primeiro momento, que isso ocorreu porque somos ligados ao universo da música cristã, já que eu sou um adorador e ele é casado com a consagrada Aline Barros. Mas, não foi isso que nos aproximou.

Ele me abordou num aeroporto, mas eu não o reconheci de imediato. Engatamos uma boa conversa e ele me falou sobre sua igreja, sobre o respeito que tinha pelo seu pastor, Marco Antônio Peixoto — que mais tarde viria a se tornar também um amigo querido —, sobre como amava também a música cristã e a importância da adoração.

Eu o escutava e meu coração se enchia de alegria. Pensei: "Está aí uma pessoa que também ama a igreja." Foi só depois de um despretensioso bate-papo que ele me contou que sua esposa também cantava música evangélica, que tinha muitos CDs gravados. Sim, eu conversei com um ex-atleta famoso e esposo de uma das maiores cantoras desse país sem saber. Tudo isso pela simplicidade de Gil, que não chegou mostrando suas credenciais, mas, com humildade, repartiu seu sentimento sobre questões tão caras para nós como a Igreja, o louvor e a nossa fé. Posso afirmar que hoje ele e a esposa são muito especiais para mim e para Paula.

Como os amigos são importantes! Uma passagem bíblica que fala muito ao meu coração encontra-se em Lucas

5:17-26. Trata-se da história de um paralítico que queria pedir a Jesus por cura, mas sua condição não lhe permitia chegar até a casa em que o Mestre estava. Foi então que seus amigos se juntaram e o fizeram descer pelo telhado, a fim de que aquele homem limitado e sem possibilidade de realizar algo sozinho chegasse a seu objetivo. Esse belo exemplo me faz preservar relacionamentos iniciados quando eu ainda era adolescente, bem como outros que surgiram no meio da igreja, em momentos informais. Mantenho relacionamentos que começaram por causa de uma negociação ou de uma simples visita a uma igreja e hoje são pessoas com quem lido com muito carinho, e considero até como alianças feitas no Senhor.

Nelson Tristão, por exemplo, além de distribuidor dos meus CDs desde 2004, é também um amigo. Independentemente dos nossos negócios, temos uma relação em Deus, assim como Paula e a esposa dele, Christie Tristão. São muitos os pastores que conheci em um dia de ministração e que hoje fazem parte do meu círculo de amigos e muito contribuem para o meu crescimento como cristão, pai e marido. Gosto de ser confrontado e em nossas conversas sempre sou edificado.

Tem sido assim com o pastor Naor Pedrosa, de Goiânia; o apóstolo Joel Pereira, de Volta Redonda; o pastor Josué Valandro e o pastor Ricardo Carvalho, ambos do Rio de Janeiro, entre muitos outros irmãos preciosos, como meu amigo Vitor Belfort. Tive o privilégio de estar com Vitor e com sua esposa, Joana Prado, pela primeira vez há bastante tempo. Eles foram a um culto em que eu ministrava em Belo Horizonte, e dali saímos para jantar. Nossa conversa girou em torno da vida com Deus e da família. Desde aquela noite estamos ligados, mesmo que distantes geograficamente. Vitor se tornou uma daquelas pessoas que guardamos no coração, alguém por quem sempre desejamos fazer algo de bom.

Sou grato a Deus por todos esses irmãos e amigos, e minha oração é para que cada leitor deste livro também se una a homens e mulheres tementes ao Senhor, pessoas que contribuam para seu crescimento na vida cristã. Da mesma maneira espero que cada pessoa que leia este livro ou que vá a uma das minhas apresentações seja usada para conquistar vidas e enchê-las da glória de Deus.

Liderar é servir

O que Daniel aprendeu e ensinou; o que Cacau, Ricardo, Gilmar e Asaph aprenderam e ensinaram; o que eu aprendi e reparto neste livro é que Deus nos chamou para fazer discípulos, a fim de darmos continuidade à obra que ele tem feito em nós. Lembra-se do que Jesus disse a seus atônitos seguidores? "Aquele que crê em mim fará também as obras que tenho realizado. Fará coisas ainda maiores que estas" (João 14:12).

A obra de Deus não é feita de exclusivismos. Todos são chamados e podem servir ao Senhor, independentemente de unção especial ou de profetas com talentos inalcançáveis. Meu amigo Daniel não guardou consigo o conhecimento e o aprendizado que o fizeram ser um ministro tal como ele é. Humildemente, ele repassou para mim e minha esposa, então lojistas numa cidade do interior do Rio de Janeiro, o que havia aprendido com outros professores, como o próprio Asaph Borba e outros ministros de adoração reconhecidos no país.

Li um dia desses que as fábricas da Volkswagen em São Paulo têm capacidade de produzir um veículo Gol a cada 47 segundos. Segundo a reportagem, desde 1980, quando esse modelo passou a ser fabricado no Brasil, já haviam sido montados mais de 10 milhões de unidades. Bem, um discípulo não pode ser construído em poucos segundos. É um processo que leva meses ou até mesmo anos. Muitas vezes, essa construção implica um passeio pelo deserto.

Foi o que aconteceu com Eliseu ao ser chamado por Elias para ser seu seguidor. Logo Elias, o profeta que perambulava pelo deserto e vestia-se com pele de animais. Eliseu estava ocupado quando a oportunidade de andar com Elias surgiu:

> O Senhor lhe disse: "[...] Unja Eliseu, filho de Safate, de Abel-Meolá, para suceder a você como profeta."
>
> [...] Então Elias saiu de lá e encontrou Eliseu, filho de Safate. Ele estava arando com doze parelhas de bois, e estava conduzindo a décima segunda parelha. Elias o alcançou e lançou sua capa sobre ele. Eliseu deixou os bois e correu atrás de Elias.
>
> "Deixa-me dar um beijo de despedida em meu pai e minha mãe", disse, "e então irei contigo."
>
> "Vá e volte", respondeu Elias; "pelo que lhe fiz."
>
> E Eliseu voltou, apanhou a sua parelha de bois e os matou.

> Queimou o equipamento de arar para cozinhar a carne e a deu ao povo, e eles comeram. Depois partiu com Elias, tornando-se o seu auxiliar.
>
> *1Reis 19:15-16,19-21*

Eliseu não precisou ser convencido a seguir Elias. Ele sabia que uma grande chance se aproximava. Sabia o valor de andar com aquele profeta e decidiu, voluntariamente, segui-lo. O preço pela decisão não foi baixo. Principalmente numa época em que vivia a rainha Jezabel, esposa do rei Acabe, uma das figuras mais macabras das Escrituras.

Sem dúvida, não era um momento vantajoso para ser profeta de Deus, nem mesmo para ser amigo dos profetas do Senhor. Se Eliseu fosse avaliar a situação com olhos carnais, continuaria seu trabalho preparando o solo, cuidando da lavoura, fazendo seus negócios cotidianos e levando a vida tranquilamente. Nada disso, porém, impediu Eliseu de andar com seu mentor espiritual, Elias.

Eu e minha esposa trabalhamos por muitos anos liderando grupos e ministérios em nossa igreja. A responsabilidade é enorme e, até hoje, sou ouvido e requisitado por alguns desses filhos na fé em diversos momentos na caminhada. Liderar é, antes de tudo, servir. Enquanto tenho alguns amigos que acompanho e instruo, sou, por outros ou por esses mesmos, instruído e desafiado.

Quando discipulamos alguém precisamos ter consciência de que será necessário investir tempo com essa pessoa. Foi o que o Dani fez comigo lá atrás. Se você tem um grande amigo, sabe o que isso significa. É preciso estar disposto a ficar horas no telefone, a visitá-lo e a compartilhar a vida. Se não for assim, não há discipulado, não há amizade.

Claro que todos nós temos uma capacidade espiritual e emocional. Muitas vezes, nos vemos diante de situações em que, durante um tempo, não conseguimos prosseguir. É por isso que não é possível discipular como se fosse uma linha de produção.

***

Moisés também contou com a ajuda de um discipulador, seu sogro, Jetro. Após a grande libertação do povo de Israel, a passagem pelo mar vermelho e o acampamento no deserto, Jetro, que tinha terras ali na região, foi ao encontro de Moisés e viu como seu genro desgastava-se para atender o povo e resolver seus dilemas. Jetro então deu-lhe a sugestão de eleger líderes entre o povo que pudessem, após um treinamento, resolver as questões mais simples, evitando a fadiga tanto de Moisés como também de todo o povo de Israel.

Não é verdadeiro o ditado popular que diz que "se conselho fosse bom, ninguém dava; vendia". A Bíblia desconstrói essa ideia quando, em diversas passagens, ensina justamente o contrário:

> Sem diretrizes a nação cai; o que a salva é ter muitos conselheiros.
>
> *Provérbios 11:14*

> Os planos fracassam por falta de conselho, mas são bem-sucedidos quando há muitos conselheiros.
>
> *Provérbios 15:22*

> Quem sai à guerra precisa de orientação, e com muitos conselheiros se obtém a vitória.
>
> *Provérbios 24:6*

Porém, apesar da reconhecida necessidade de sermos aconselhados, precisamos ter critérios ao escolher nossos mentores. Existem pessoas com quem devemos compartilhar nossas vidas, expor nosso coração. Há outras, entretanto, que — pode ter certeza — não devem mesmo saber nada sobre nossa vida. Para essas, é melhor que nossa intimidade seja um livro fechado, trancado com cadeados e totalmente inacessível.

Orelha para puxar

De vez em quando, precisamos ser humildes o suficiente para receber alguns merecidos puxões de orelha. A Bíblia chama isso de admoestação ou exortação e o propósito não é outro senão o de ensinar ou corrigir alguém sempre que necessário. O apóstolo Paulo, por exemplo, enquanto advertia seus discípulos "noite e dia" e com "lágrimas" (Atos 20:31), também recomendava a prática entre os membros da comunidade:

> Exortamos vocês, irmãos, a que advirtam os ociosos, confortem os desanimados, auxiliem, sejam pacientes para com todos. Tenham cuidado para que ninguém retribua o mal por mal, mas sejam sempre bondosos uns para com os outros e para com todos.
>
> *1Tessalonicenses 5:14-15*

A Igreja é o local em que o conselho, o discipulado, a exortação e a boa convivência devem ser colocados em prática. Paulo ensina:

> Meus irmãos, eu mesmo estou convencido de que vocês estão cheios de bondade e plenamente instruídos, sendo capazes de aconselhar-se uns aos outros. A respeito de alguns assuntos, eu lhes escrevi com toda a franqueza, principalmente para fazê-los lembrar-se novamente deles, por causa da graça que Deus me deu, de ser um ministro de Cristo Jesus para os gentios, com o dever sacerdotal de proclamar o evangelho de Deus, para que os gentios se tornem uma oferta aceitável a Deus, santificados pelo Espírito Santo.
>
> Portanto, eu me glorio em Cristo Jesus, em meu serviço a Deus. Não me atrevo a falar de nada, exceto daquilo que Cristo realizou por meu intermédio em palavra e em ação, a fim de levar os gentios a obedecerem a Deus, pelo poder de sinais e maravilhas e por meio do poder do Espírito de Deus.
>
> *Romanos 15:14-19*

Aconselhar exige conhecimento e experiência de vida com Deus. As palavras precisam estar alicerçadas em Cristo. Elas devem reproduzir as ideias de Cristo e não apenas em sabedoria humana. Quem aconselha deve assumir a mesma entonação de Jesus.

Algumas vezes as palavras nos faltam; em outras, somos inclinados a dar soluções que refletem mais a nossa opinião. Por isso, nada é mais seguro do que a Palavra de Deus. Ali estão as respostas e a exortação na medida certa. É importante que cultivemos conhecimento bíblico, não apenas a sabedoria.

Aconselhar, admoestar ou "dar um toque" são tarefas que discipuladores têm de exercer, mas para isso, precisamos também estar "cheios de bondade". Nossa orientação deve estar imersa na mesma compaixão e no mesmo amor que moviam Jesus, os quais ele demonstrou quando falava aos pecadores. Ele queria salvar todos. Nosso desejo deve ser o mesmo. Não se trata de "falar umas verdades", como dizem. Diante da mulher adúltera, suas palavras não foram sobre moral, sobre o que era certo ou errado e as consequências do pecado. Nada disso. Ela já estava ciente de sua condição. Cristo então a aconselhou: "Vai e não peques mais."

A base é a igreja

Muitas pessoas hoje em dia não são exortadas. Vivem sozinhas, isoladas, e não é bom que seja assim. Não fomos criados para viver ensimesmados, confinados com nossas certezas e problemas. Deus nos convida a congregar.

Eu sou um apaixonado pela Igreja. Fico fascinado ao ver as relações que ali se constroem com os talentos que descobrimos enquanto buscamos ao Senhor junto aos irmãos. Em geral, nas festas de aniversário de algum membro da comunidade, sempre falta espaço e sobra animação. O velório de alguém da Igreja também costuma ficar repleto de pessoas. A comunhão dos irmãos é algo emocionante. A igreja é o melhor lugar para quem quer criar filhos, para desenvolver amizades e estreitar laços que durarão por toda a vida.

É cada vez mais comum hoje em dia encontrarmos pessoas que abrem mão de se vincular a uma igreja, ou porque acham que não há necessidade, ou mesmo porque se decepcionaram com a Igreja em algum momento da caminhada cristã. Essa atitude, entretanto, não encontra respaldo bíblico. Ao contrário, o salmo 133 afirma que é "bom e agradável quando os irmãos convivem em união".

Claro que as igrejas, como qualquer outro lugar, têm problemas e dificuldades. Os relacionamentos às vezes são difíceis e não é sempre que concordamos com muitas ações de nossos líderes ou irmãos em Cristo. Isso, porém, não é motivo para deixar de congregar. Uma brasa longe da fogueira logo se apaga. Assim é com quem não tem por hábito estar vinculado a uma igreja local.

Muitos falam em comunhão vertical ou evocam a cena de um soldado solitário. A cena de um soldado sozinho que derrota todo o exército inimigo pode ser ótima para os roteiros de cinema. Demonstra bravura, foco, vocação e coragem. Porém, Deus não deseja que caminhemos sozinhos por nossa jornada espiritual. Somos feitos para compartilhar. Dividir experiências. Sustentar uns aos outros em amor.

Paulo fez recomendações à igreja de Éfeso que se aplicavam à coletividade e que servem perfeitamente para orientar a convivência dentro das igrejas hoje:

> Tenham cuidado com a maneira como vocês vivem; que não seja como insensatos, mas como sábios, aproveitando ao máximo cada oportunidade, porque os dias são maus. Portanto, não sejam insensatos, mas procurem compreender qual é a vontade do Senhor. Não se embriaguem com vinho, que leva à libertinagem, mas deixem-se encher pelo Espírito, falando entre si com salmos, hinos e cânticos espirituais, cantando e louvando de coração ao Senhor, dando graças constantemente a Deus Pai por todas as coisas, em nome de nosso Senhor Jesus Cristo. Sujeitem-se uns aos outros, por temor a Cristo.
>
> *Efésios 5:15-21*

Creio que a Igreja deve ser a responsável por levantar os ministros, comissioná-los e enviar às nações, mas conheço muitas histórias de pessoas conhecidas nacionalmente que não são membros de nenhuma igreja. Elas se apresentam como ministros do evangelho, comem e bebem da Igreja, graças à venda de CDs, livros, camisetas e outros produtos. Sua vida é o palco e a cada dia se apresentam numa igreja diferente. Na hora da mensagem, entretanto, preferem fazer outras coisas. No domingo pela manhã, por exemplo, em vez de buscarem ao Senhor com a família no culto, essas mesmas pessoas estão na praia em momentos de "descontração". Alguns até dizem que são membros de alguma igreja, mostram suas credenciais de vínculo denominacional, mas, de fato, nunca aparecem para participar das reuniões.

Esse tipo de comportamento me leva a questionar: como pode ser ouvido quem não se senta para ouvir? Como dar credibilidade a uma pessoa que não se permite ser pastoreada ou discipulada por alguém? Infelizmente há muita gente que deseja apenas lucrar com as igrejas cristãs. Creio que devemos tomar muito cuidado com aqueles que enxergam a casa do Senhor apenas como uma fonte de renda.

É verdade que a salvação é individual e que não seremos julgados segundo a placa que está ostentada diante da nossa comunidade eclesiástica. Sei também que a denominação não tem poder de salvar ou perdoar pecados. No entanto, quem pretende ensinar ou edificar a Igreja deve primeiramente amá-la e fazer parte dela.

Conduta exemplar

O escritor cristão John C. Maxwell diz que "não existe sucesso sem sucessor". Jesus disse algo parecido 2 mil anos antes: "Se o grão de trigo não cair na terra e não morrer, continuará ele só. Mas se morrer, dará muito fruto" (João 12:24). Precisamos aprender que fazer discípulos e vê-los crescer na fé significa dar continuidade à obra do evangelho que não é nossa.

Ninguém é dono do louvor e da adoração; ninguém é dono da pregação; ninguém é dono da escola dominical. Nenhum ministério exercido na Igreja é de propriedade de quem o exerce. Temos de deixar de lado essa vaidade a fim de exercer a vocação que Cristo nos destinou, que é multiplicar sua Palavra para o maior número de pessoas possível.

Daqui a alguns anos, quando a humanidade estiver ainda pior — porque é isso que a Bíblia nos mostra, escatologicamente, que vai acontecer —, que meus filhos olhem para mim e digam: "Onde o senhor estava quando as coisas estavam piorando? O que o senhor fez para tornar o mundo melhor?"

Por isso hoje quero ter uma voz profética, a fim de alertar as pessoas a se dedicarem ao "ensino dos apóstolos e à comunhão, ao partir do pão e às orações" (Atos 2:42). Quero deixar como exemplo um caminho a ser seguido. Desejo também levantar outras pessoas. Existe uma promessa, no meu coração e no de Paula, de levantarmos outros ministros que tragam um mover de Deus para nosso país. É esse nosso desejo, o de influenciar novos adoradores e isso, claro, não significa sermos empresários de ninguém, mas sim mentores espirituais.

Porém, nada disso tem valor se eu não preservar o bem mais importante e que o Senhor me delegou a tarefa de cuidar: minha família. Há algum tempo visitei os Estados Unidos e tive a oportunidade de conversar com pessoas que conheciam pessoalmente duas grandes referências da música cristã mundial: Michael W. Smith e Steven Curtis Chapman. Perguntei-lhes como eles eram nos bastidores. Ouvi o seguinte: "Eles fazem parte do pequeno grupo de artistas cristãos que se mantêm casados, cuidam da família e dão um bom testemunho, mesmo com tanto tempo fazendo sucesso."

Steven Curtis Chapman começou sua carreira há trinta anos. Lançou mais de vinte álbuns que são ouvidos no mundo todo. Ele é casado desde 1984, mantém obras missionárias junto à esposa e tem três filhos biológicos e três adotivos.

Michael W. Smith é casado desde 1981 e tem cinco filhos. Começou sua carreira na música cristã no início dos anos 1980 e já gravou mais de vinte álbuns. Ele também é envolvido com obras sociais, algumas delas em parceria com o líder da banda de rock irlandesa U2, o católico Bono Vox.

Saber disso é um bálsamo. Esses dois irmãos em Cristo são artistas de sucesso, com milhões de discos vendidos, constante aparição na mídia e, mesmo assim, mantiveram-se íntegros ao chamado de serem referenciais à sua geração, de serem, como diz o nome de uma canção que Deus me deu, "pais de multidões". Também quero seguir e transmitir o mesmo exemplo. Para mim nada vale se eu perder minha família. Prefiro abandonar a música, os palcos, a fama e o reconhecimento se o preço disso for ver qualquer um dos meus filhos se perder.

As minhas canções vão passar. Os números na lista de mais vendidos, de mobilizações de pessoas nos shows, tudo isso vai um dia ser superado. Então, minha maior ambição, e não só minha como de Paula também, é que preservemos nosso primeiro ministério que é nossa casa, nosso casamento, nossos filhos. Quero que as pessoas olhem para trás, daqui a alguns anos, e digam: "O Fernandinho foi um bom pai, um bom marido. Foi fiel a Deus, íntegro em sua comunidade."

***

Certa vez assisti a um debate em que uma pessoa fez a seguinte suposição: um homem, sozinho do deserto, tinha como única referência sua bússola. O problema é que o equipamento quebrou. E agora, o que ele deveria fazer? Alguns participantes sugeriram ideias absurdas. Outros, porém, sinalizaram bem como funciona o Reino de Deus. Uma pessoa sugeriu que o homem deveria ter seu alvo bem definido e se guiar pelas aves do céu, pois certamente elas estariam voando em direção a um lugar com água e sombra. Um lugar onde pudessem pousar.

A verdade é que ficar no deserto, sem esperança, é apenas um prenúncio para a morte. A única saída é buscar orientação para sair da terra seca. Olhar para o alvo e deixar-se guiar por um mentor pode significar uma boa ajuda quando nos sentirmos perdidos.

CAPÍTULO 11

Deus faz chover

O trabalho de composição deste livro coincidiu com uma das muitas viagens que faço no decorrer do ano. Nela, uma guerra se travou em pleno voo, em meio às nuvens. Era noite e eu raramente consigo dormir quando viajo nesse horário. Meus pensamentos voavam com as asas do avião. Poucas vozes interrompiam o silêncio que pairava na aeronave, com praticamente todos os passageiros dormindo. De repente, uma dessas vozes inicia uma conversa com meus sentimentos. Ela quer convencer a minha alma:

"Se Deus é tão poderoso, porque ele não te livrou daquilo no passado? Ele poderia ter impedido aquela situação. Por que não o fez? Ele não é tão bom e soberano? Não é a Bíblia a que você tanto dá credito que diz que ele, seu Deus, é amor? Mas você passou por aquela tempestade. Andou no deserto, não foi?"

A voz é insistente e, prossegue, falando baixinho aos meus ouvidos. Olho para o lado para ver se mais alguém está ouvindo o que ouço, mas não. Estou sozinho no alto do céu.

"Lembra que você orou por algo tão importante? Que suas lágrimas lavaram seu rosto e, mesmo diante de um pedido tão sincero, ele não fez o que você queria?"

A minha alma se agita, responde àquela voz com gritos dentro do meu peito. São tantas as perguntas que explodem dentro de mim. Perguntas que sufocam meus pensamentos. Então, nas alturas onde me encontro, resolvo buscar a presença do Senhor. E ele me envolve com canções, mas minha alma não se acalma de imediato. A voz se aproxima novamente de mim e alfineta minhas emoções.

"Será que vale a pena abrir mão de tudo por alguém que nem mesmo responde a suas perguntas? Vale a pena negar o seu eu? Abrir mão dos seus negócios, de sua marca, para abrir a porta para alguém que quer cear com você? Esse mesmo alguém que silencia quando você mais precisa de explicações?"

O tom é de provocação e sarcasmo.

Começa a amanhecer e vejo os primeiros raios de sol sobre as nuvens. Tudo parece estar tão calmo do lado de fora da aeronave. Do lado de dentro não é assim. Continuo minha busca por Deus. E, mesmo ainda sem alegria, canções correm em meu coração como águas de um rio.

"Eu tenho sede de justiça, sacia a minha sede", clamo. E continuo: "Ainda que a figueira não floresça, ainda assim me alegrarei."

Pela fé, começo a gritar para a minha alma: "Ainda que eu ande na sombra do vale da morte, não temerei mal algum. Pois, mesmo não vendo e não sentindo, ele está comigo. Aquele que começou a boa obra em mim é fiel para completá-la."

As lágrimas escorrem pelos meus olhos. Eu as enxugo e ninguém vê minha batalha. Em silêncio, vivo minha terceira guerra mundial particular. Porém, parece que agora é outro exército que está vencendo a peleja. Deixo fluir mais algumas palavras: "Ele tem pensamentos de paz e não de mal a meu respeito. Sua Palavra me diz que é para me dar o fim que eu espero. Todas as coisas cooperam para o bem daqueles que o amam."

Agora não escuto só aquela voz a despejar perguntas sobre meu coração. Posso responder para a minha alma, gritar, em espírito — quem me dera poder soltar a voz com a vontade que tinha naquele momento. Mas isso assustaria aos passageiros que ainda dormiam no avião.

"Eu sei quem morreu por mim. E não foi o dono dessa voz traiçoeira que sussurra aos meus ouvidos. Não. Foi o meu amigo."

O avião mergulha em densas nuvens e atravessa um bloco que parecia de algodão para sair do outro lado com o sol já brilhando mais forte, iluminando o avião e a poltrona em que viajo. Continuo meu duelo com a voz sussurrante.

"No princípio a Terra era sem forma e vazia. Mas Deus disse 'haja luz', e houve. Ou seja, em meio aos meus vazios e questões haverá um momento em que ele, meu Senhor, gritará 'haja luz'. Mesmo com minha alma sem forma e vazia, mesmo com minhas respostas sem formas e vazias, ele vai dizer 'haja luz'. E ele, o meu Deus, paira sobre a face das minhas águas revoltas."

Resolvi continuar avisando à minha alma que iria me lançar nos braços redentores do meu amigo, aquele que derrotou o dono dessa voz irritante que tenta tirar a minha paz, que minhas lágrimas enchem os odres dele e meu clamor está escrito em seu livro. Gritei com toda a minha força e meu silêncio que me alegrarei, não pelo que tenho ou pelo que posso fazer, mas porque meu nome está escrito no livro da vida.

Não fui eu quem escreveu. Foi ele. Não é porque sou bonzinho, mas porque antes da fundação do mundo ele me escolheu para o louvor de sua glória. Eu sou a menina dos seus olhos. Meu nome está escrito nas palmas de suas mãos. O meu passado não pode mais me machucar, pois não tem domínio sobre mim. Deus não se lembra dos meus erros antigos. O Senhor me disse que jogou todo esse passado no mar do esquecimento. E ali ele instalou uma placa bem grande onde se lê: é proibido pescar.

A voz tagarela que me incomodou durante boa parte do voo agora não consegue reagir. Eu disse a ela que Deus não tem projetos para o meu ontem. O melhor do Senhor está reservado para o meu futuro. Está no porvir. Eu sei, estou perto de Canaã. Se a minha alma e as minhas emoções insistem que precisam crer para ver, o meu espírito diz: "ande e veja"; e, mesmo que eu não veja nada, ainda permanecerei em Deus. Mesmo que eu seja lançado na fornalha ardente e o Senhor não me livre de lá, não me dobrarei.

O sol agora brilha forte, intenso e soberano. Meu futuro também começa a clarear. As densas nuvens ficaram para trás. Deus tem grandes coisas para mim. Minha alma se tranquiliza. Um sorriso brota espontaneamente dos meus lábios. Posso decidir confiar em Deus e isso me basta.

Esse pensamento me levou a perceber que a voz sussurrante já havia algum tempo não dizia mais nada. Ela se foi. As perguntas que pipocavam em meu peito foram silenciadas. Os conflitos cessaram.

Meu Senhor é maior do que qualquer dúvida e inquietação. Ele me deu tudo e eu quero andar sempre na presença dele. Lá, o medo e as dúvidas se calam. Atravessei um deserto em pleno voo, mas Deus fez chover da sua graça sobre mim e saí de lá renovado.

Muitos desertos, um só Deus

O deserto é uma terra árida onde ninguém vive. Um dia, tanto eu quanto você, teremos de atravessá-lo. É preciso que não nos enganemos com falsas promessas de facilidade. A vida não nos poupará de momentos de tribulação. Por mais que as páginas de seus amigos nas redes sociais façam parecer que o mundo e o cotidiano são um passeio florido e cheio de conquistas, a realidade é, em algumas ocasiões, um tanto amarga.

Deus também não evitará que o calor do deserto nos incomode. A oração de Jesus proferida após a última ceia, nos indica isso: "Não peço os tires do mundo, mas que os livres do mal" (João 17:15, ARC). E livrar do mal não é livrar dos desertos, porque no mundo, como o próprio Jesus Cristo já antecipou, nós teremos aflições (ver João 16:33). A mensagem de esperança e ânimo é saber que ele mesmo, Jesus Cristo, venceu o mundo.

Vários episódios descritos na Bíblia tiveram o deserto como cenário, como, por exemplo, a conhecida multiplicação dos pães:

> Uma grande multidão dirigiu-se a ele, levando-lhe os mancos, os aleijados, os cegos, os mudos e muitos outros, e os colocaram aos seus pés; e ele os curou. O povo ficou admirado quando viu os mudos falando, os aleijados curados, os mancos andando e os cegos vendo. E louvaram o Deus de Israel.
>
> Jesus chamou os seus discípulos e disse: "Tenho compaixão desta multidão; já faz três dias que eles estão comigo e nada têm para comer. Não quero mandá-los embora com fome, porque podem desfalecer no caminho."
>
> Os seus discípulos responderam: "Onde poderíamos encontrar, neste lugar deserto, pão suficiente para alimentar tanta gente?"
>
> "Quantos pães vocês têm?", perguntou Jesus.
>
> "Sete", responderam eles, "e alguns peixinhos."
>
> Ele ordenou à multidão que se assentasse no chão.
>
> Depois de tomar os sete pães e os peixes e dar graças, partiu-os e os entregou aos discípulos, e os discípulos à multidão.
>
> *Mateus, 15:30-36*

No lugar onde havia a escassez, o receio e a preocupação, Jesus fez com que uma pequena porção de pães e peixes fosse suficiente para alimentar uma multidão. Cristo não desprezou o deserto e seus perigos. Sabia que, caso despedisse as pessoas sem alimentá-las elas, desfaleceriam pelo caminho seco, sem vida e estéril. Ele acendeu uma luz na escuridão dos temores de seus discípulos.

Uma importante lição sobre os desertos é que jamais passamos por eles sozinhos. Sempre temos como companhia a presença de Deus. Ele não nos abandona, indefesos, com os animais ferozes à nossa espreita e diante das tentações e enganos do pai da mentira, o diabo. Cristo está conosco. É nossa companhia e, se for preciso, ele moverá os céus, fará descer maná, enviará uma coluna de fogo ou um vento impetuoso. Tudo para que você entenda que ele está ali.

Certa vez presenciei um claro exemplo disso em Londres. Paula e eu estávamos em campanha por algumas igrejas na capital da Inglaterra. Após ministrar num culto, fui abordado por um jovem nitidamente emocionado. Ele era brasileiro, do interior da Bahia. Contou-me que seus pais eram pastores e que ele tinha se mudado para Londres para vivenciar com liberdade sua homossexualidade.

Naquela cidade ele vivia como bem entendia, sem precisar impor qualquer limitação a seus instintos. Numa noite ele foi para a boate que ficava a pouca distância do local onde morava. Lá, relacionou-se com vários rapazes. No fim da madrugada resolveu voltar para casa e descansar um pouco antes de ir trabalhar, pela manhã. Enquanto caminhava avistou uma senhora, que usava um sobretudo e uma touca, já que o frio das madrugadas londrinas costuma ser muito rigoroso.

Até aí, nada anormal. Londres é uma cidade cosmopolita, onde cinco da manhã e cinco da tarde parecem a mesma coisa. O movimento urbano é incessante. A mulher, no entanto, acenou para o jovem. Ele se aproximou e viu que ela estava chorando:

— A senhora precisa de alguma coisa? — perguntou ele, com certa preocupação.

— Meu filho, tenho algo a lhe dizer: você foi consagrado ao Senhor desde o ventre de sua mãe, e esta não é a vida que Deus quer para você. Jesus te ama. Volte para Deus — respondeu a misteriosa mulher.

(Esse jovem me contava tudo isso sem conseguir segurar as lágrimas que lavavam seu rosto e despertavam a curiosidade dos que estavam por ali.)

— Você sabe quem eu sou? — perguntou o rapaz, atordoado, tentando montar um quebra-cabeça onde nenhuma peça se encaixava.

— Não — explicou a senhora. E continuou: — Eu estava andando para o meu trabalho. Não sei quem você é nem de onde veio. Não sei nada sobre sua vida. Só sei que Deus me mandou dar meia volta e falar para você voltar para ele.

Eu estava impressionado com aquele relato. O jovem me disse que aquele havia sido o pior dia de sua vida. Que não conseguia trabalhar direito e sentiu um nojo que jamais sentira pelo seu estado, pelas suas ações, pela sua vida. Ele esperava um conselho meu, mas eu estava boquiaberto. Nunca tive uma experiência tão eloquente. Já passei por incontáveis desertos, vivenciei grandes aflições e sempre orei pedindo a Deus ao menos um sonho. O que eu não daria para receber uma direção de Deus durante a madrugada num país estranho!

A única coisa que consegui falar foi:

— O que mais você quer que Deus diga? Eu sou um adorador, como você sabe, e Deus jamais falou comigo dessa forma. Já clamei por horas seguidas pedindo um sinal e quantas vezes fiquei triste por achar que Deus estava "quieto demais". Ele já disse o que você tem que fazer.

Não sei por que Deus fala com alguns de forma tão clara, com sinais e maravilhas. Algumas pessoas recebem revelações proféticas, curas e milagres. Com outras, Deus escolher conversar por meio de jogos de palavras e mistérios, como as parábolas. Não posso explicar por que o Senhor escancara seu amor na noite de alguns e outros passam pela escuridão fitando o silêncio. Sei, no entanto, que para alguns, por mais que seja tão evidente a companhia de Deus nos desertos da vida, parece que ela não é suficiente.

Atalhos no deserto

Muitas vezes perdemos a chuva de Deus por buscar coisas imediatas na nossa vida. Julgamos vantajoso deixar o caminho mais longo e enveredar por uma resposta imediata. Acredite em mim. Essa não é a melhor escolha a ser feita. Nos tempos do Antigo Testamento, Deus operava grandes sinais entre o povo que, por sua vez, queria sempre mais.

A oração de Neemias mostra bem como foi a reação do povo libertado do Egito à bondade de Deus:

> Na fome deste-lhes pão do céu, e na sede tiraste para eles água da rocha; mandaste-os entrar e tomar posse da terra que, sob juramento, tinhas prometido dar-lhes. Mas os nossos antepassados tornaram-se arrogantes e obstinados, e não obedeceram aos teus mandamentos. Eles se recusaram a ouvir-te e esqueceram-se dos milagres que realizaste entre eles. Tornaram-se obstinados e, na sua rebeldia, escolheram um líder a fim de voltarem à sua escravidão. Mas, tu és um Deus perdoador, um Deus bondoso e misericordioso, muito paciente e cheio de amor. Por isso não os abandonaste, mesmo quando fundiram para si um ídolo em forma de bezerro e disseram: "Este é o seu deus, que os tirou do Egito", ou quando proferiram blasfêmias terríveis. Foi por tua grande compaixão que não os abandonaste no deserto. De dia a nuvem não deixava de guiá-los em seu caminho, nem de noite a coluna de fogo deixava de brilhar sobre o caminho que deviam percorrer. Deste o teu bom Espírito para instruí-los. Não retiveste o teu maná que os alimentava, e deste-lhes água para matar a sede. Durante quarenta anos tu os sustentaste no deserto; nada lhes faltou, as roupas deles não se gastaram nem os seus pés ficaram inchados.
>
> *Neemias 9:15-21*

Deus fez com que o maná, o pão celestial, descesse do céu num espetáculo ímpar que nem mesmo os mais tecnológicos recursos de Hollywood são capazes de reproduzir na ficção de seus filmes. E eles, em vez de olharem para o sobrenatural, disseram: "Estou com saudades da cebola e da melancia do Egito... ah, como era boa a minha vida, e eu nem sabia!"

Não pense que você ou eu somos muito diferentes deles. Há pais que enfrentam tribulações enormes com seus filhos. São conflitos motivados por rebeldia ou mesmo por vícios em álcool ou em outras drogas. Em momentos de grande aflição e sofrimento chegam a pensar: "Por que tive filhos?" Há o cônjuge com dificuldades no casamento que sonha com o passado e se lamenta: "Por que me casei com um traste assim?" Há ainda o trabalhador desgostoso com sua colocação que, pelos cantos ou em conversas diz: "Esse emprego é uma droga." Foi assim, da mesma forma, que reagiu o povo hebreu. Eles olharam saudosos para trás.

A Bíblia nos ensina que todas as coisas cooperam para o nosso bem. O amor infinito de Deus está além da nossa imaginação. A oração de Neemias confirma o fato de que mesmo no deserto, apesar da nossa ingratidão, ele nos ama. Existe um propósito para cada deserto que atravessamos; nada é em vão.

Um sinal

Ainda assim é possível que você seja como eu. Que peça a Deus sinais de sua presença durante a travessia, gaste-se em orações e clamores sem jamais ter tido um sonho como os de José do Egito, sem nunca ter presenciado uma coluna de fogo como a que o povo de Israel viu no deserto. Talvez nenhuma pessoa tenha vindo até você numa noite fria e confusa para lembrar-lhe que Deus o ama e que está bem perto, como aconteceu com o jovem de Londres. Porém, mesmo que nada disso tenha lhe acontecido, saiba: ele está com você. Foi isso que Jesus prometeu na passagem conhecida como "a grande comissão". Foram as últimas palavras dele na terra, na companhia de seus amigos, os 11 discípulos:

> Vão e façam discípulos de todas as nações, batizando-os em nome do Pai e do Filho e do Espírito Santo, ensinando-os a obedecer a tudo o que eu lhes ordenei. E eu estarei sempre com vocês, até o fim dos tempos.
>
> *Mateus 28:19-20*

Procuramos por sinais no deserto quando o que deveríamos fazer é preservar o nosso foco. Precisamos urgentemente ajustar nossas bússolas espirituais segundo o padrão que realmente agrada a Deus. Cresci numa época em que ser cristão era sinônimo de fidelidade e correção; era estar disposto a pagar o preço, ser injustiçado e preterido por amor a Jesus.

Não quero parecer saudosista, como se apenas nos tempos antigos as pessoas buscassem a Deus da forma corrteta. Não é isso. Mas com o crescimento no número de evangélicos, acabamos também adquirindo hábitos seculares. Vejo isso sempre que chego a um hotel e ligo a televisão a noite em busca de uma programação cristã. Procuro mensagens que me desafiem, pois quero ser impactado pela pregação do evangelho de Jesus, mas o que vejo e escuto, na maioria das vezes, são receitas rápidas de sucesso.

A mensagem cristã é tão simplificada que parece que dá para viver o evangelho de Cristo com a mesma dificuldade que tem quem prepara um bolo usando a mistura pré-preparada à venda nos supermercados. Cristo não é uma receita rápida. Ele é o caminho, a verdade e vida. Ele é uma pessoa. Ele está à nossa porta batendo, e nós, orando por um sina, pedindo uma resposta. Abrimos a Bíblia aleatoriamente em busca de receitas e passos em versículos retirados do contexto. E ele, à porta, continua insistindo.

Esse mesmo Jesus que bate à nossa porta enfrentou, ele mesmo, os próprios desertos. Conforme vimos no primeiro capítulo, temos nele alguém em quem nos espelhar, como diz a Bíblia:

> Visto que temos um grande sumo sacerdote que adentrou os céus, Jesus, o Filho de Deus, apeguemo-nos com toda firmeza à fé que professamos, pois não temos um sumo sacerdote que não possa compadecer-se de nossas fraquezas, mas sim alguém que, como nós, passou por todo tipo de tentação, porém, sem pecado.
>
> *Hebreus 4:14-15*

O nosso lugar

Apenas o Senhor pode trazer a chuva sobre os nossos desertos. A água que ele nos dá vem de sua fonte de águas vivas. Ele alivia nossa alma cansada. A chuva de Deus é a presença de Jesus. Quero sempre poder dançar na abundante chuva que cai do trono de Deus. A canção "Dançar na chuva", que faz parte do CD *Sede de justiça,* gravado em 2007, fala sobre isso:

Novo caminho para andar,
Novo sonho pra sonhar,
O deserto não é o meu lugar

Nova vida ele prometeu
A todo aquele que nele crê
O mar a nossa frente se abrirá

Nova criatura sou, o velho homem já morreu,
Eu vou dançar naquela terra que ele prometeu!
Eu vou, eu vou, eu vou dançar na chuva!

Os desertos são áridos, desabitados, solitários e terrivelmente deprimentes. Eles geram em nós a sensação de solidão, como se ninguém nos enxergasse. Estamos esquecidos em campo aberto, suscetíveis às investidas do diabo e de seus anjos. Mas isso não é verdade. No deserto Deus fala conosco. Sua voz ecoa na imensidão, naquele horizonte que parece interminável.

Somos treinados nos desertos da vida. Na dor, na aflição financeira, nas injustiças, na formação de nossa identidade e nas nossas relações familiares. Deus nos ensina a adorá-lo em tempos difíceis. Ele nos envia seu sustento, acende um farol na escuridão e nos segura pela mão.

"Pegadas na areia" é um poema muito conhecido entre os cristãos, que sempre o mantêm por perto em flâmulas, adesivos ou quadros nas paredes. Seu autor é desconhecido, mas mensagem é clara e singela. Ele fala do sonho de um homem, que estaria andando com o Senhor no céu e observava a trajetória de sua vida marcada por pegadas na areia. Ao lado de seus passos cravados no chão era possível ver também as marcas dos passos de Jesus.

Porém, nos momentos de grande aflição, o homem percebeu que havia apenas um par de pegadas na areia. Ele logo pergunta: "Senhor, por que fiquei sozinho nesses momentos tão difíceis de minha vida?" Cristo então responde que jamais o abandonara e explica que havia apenas um par de pegadas na areia porque durante os períodos de tribulação era o próprio Jesus quem carregava o homem nos braços.

Não é demais repetir: Deus não nos deixa sozinhos no deserto.

Mas, ao lado dessa maravilhosa verdade, há outra ainda: o deserto é um lugar de passagem. Pode durar alguns poucos dias ou até mesmo anos, mas é certo que vai acabar. Ele não foi criado para habitação. Não foi feito para mim. O deserto não é o meu lugar, nem o seu. Nosso lugar é debaixo da chuva de Deus, que cobrirá a terra com sua glória, como as águas cobrem o mar.

Este livro foi composto em IowanOldSt BT 11,9/18 e impresso sobre papel Chambril Avena 70g/m² para a Thomas Nelson Brasil em 2014.